Histoires Courtes en Roumain

Apprendre l'Roumain facilement en lisant des histoires courtes

Florin Fieraru

Contenu

Introduction

Lire dans une langue étrangère est l'un des moyens les plus efficaces d'améliorer ses compétences linguistiques et d'enrichir son vocabulaire. Cependant, il est parfois difficile de trouver des supports de lecture attrayants, d'un niveau approprié, qui procurent un sentiment de réussite et de progrès. La plupart des livres et articles écrits pour des locuteurs natifs peuvent être trop longs et difficiles à comprendre ou contenir un vocabulaire de très haut niveau, de sorte que vous vous sentez dépassé et abandonnez. Si ces problèmes vous sont familiers, alors ce livre est pour vous !

Histoires Courtes en Roumain est une collection de 25 histoires courtes non conventionnelles et divertissantes qui sont conçues pour aider les apprenants de niveau débutant à intermédiaire Roumain à améliorer leurs compétences linguistiques.

Ces histoires courtes créent un environnement propice à la lecture en incluant ;

- Un contenu linguistique riche dans différents genres pour vous divertir et vous exposer à une variété de formes de mots.
- Des histoires plus courtes en chapitres pour vous donner la satisfaction de terminer des histoires et de progresser rapidement.
- Des textes écrits à votre niveau afin qu'ils soient plus facilement compréhensibles et ne vous dépassent pas.
- Traduction française sur des pages alternées afin que vous puissiez vous y référer directement ligne par ligne tout en lisant l'histoire Roumain.
- Le vocabulaire clé est imprimé en gras tout au long

de l'histoire et de la traduction pour vous aider à comprendre plus facilement les mots qui ne vous sont pas familiers.
- Des questions de compréhension pour tester votre compréhension des événements clés et vous encourager à lire plus en détail.

Que vous souhaitiez enrichir votre vocabulaire, améliorer votre compréhension ou simplement lire pour le plaisir, ce livre est le plus grand pas en avant que vous ferez dans vos études cette année. Histoires Courtes en Roumain vous apportera tout le soutien dont vous avez besoin, alors asseyez-vous, détendez-vous et laissez libre cours à votre imagination en vous laissant transporter dans un monde magique d'aventures, de mystères et d'intrigues - en Roumain!

Comment utiliser ce livre

La lecture est un talent difficile à maîtriser. Nous utilisons toute une série de micro-compétences pour nous aider à lire dans notre langue maternelle. Par exemple, nous pouvons parcourir un passage pour en comprendre le sens, ou l'essentiel. Nous pouvons aussi passer au peigne fin les nombreuses pages d'un horaire de train à la recherche d'une heure ou d'un lieu précis. Si ces micro-compétences sont une seconde nature lorsque nous lisons dans notre langue maternelle, les recherches révèlent que nous en oublions souvent la plupart lorsque nous lisons dans une langue étrangère. Lorsque nous apprenons une langue étrangère, nous commençons généralement par le début d'un texte et le parcourons en essayant de comprendre chaque mot. Inévitablement, nous rencontrons des termes peu familiers ou complexes et nous sommes gênés par notre incapacité à les comprendre.

L'un des principaux avantages de la lecture dans une langue étrangère est que vous êtes exposé à un grand nombre de phrases et d'expressions utilisées dans des situations quotidiennes. La lecture extensive est un terme utilisé pour décrire la lecture pour le plaisir dans le but d'apprendre une langue. En d'autres termes, la lecture approfondie de manuels scolaires aide généralement à l'apprentissage des règles de grammaire et d'un vocabulaire particulier, mais la lecture extensive d'histoires aide à l'apprentissage du langage naturel.

Histoires Courtes en Roumain vous donnera l'occasion d'en apprendre davantage sur la langue naturelle Roumain en usage, même si vous avez peut-être commencé votre voyage d'apprentissage des langues

uniquement avec des manuels. Voici quelques conseils à garder à l'esprit lorsque vous lirez les histoires de ce livre pour en tirer le meilleur parti : Lorsqu'il s'agit de lire, le plaisir et le sentiment d'accomplissement sont essentiels. Vous en redemandez parce que vous aimez ce que vous lisez. Lire chaque histoire du début à la fin est la meilleure méthode pour prendre plaisir à lire des histoires et se sentir accompli. Par conséquent, la chose la plus cruciale est d'arriver à la fin d'une histoire. C'est en fait plus important que de connaître chaque mot.

Plus vous lisez, plus vous acquerrez de connaissances. Vous aurez rapidement une connaissance du fonctionnement de la Roumain si vous lisez de gros livres pour le plaisir. Cependant, gardez à l'esprit que pour tirer tous les bénéfices d'une lecture extensive, vous devez d'abord lire un volume suffisamment important. Lire quelques pages ici et là peut vous apprendre quelques nouveaux mots, mais cela ne fera pas une différence significative dans votre niveau global de Roumain.

Acceptez le fait que vous ne comprendrez pas tout ce que vous lisez dans un roman. C'est, sans aucun doute, le point le plus crucial ! N'oubliez jamais que le fait de ne pas comprendre tous les mots ou toutes les phrases est tout à fait acceptable. Cela ne signifie pas que vos compétences linguistiques sont insuffisantes ou que vos résultats sont médiocres. Cela indique que vous participez activement au processus d'apprentissage.

Guide de lecture

Afin de tirer le meilleur parti de la lecture d'Histoires Courtes en Roumain, il est préférable que vous suiviez ce processus de lecture simple en six étapes pour chaque chapitre des histoires :

1. Lisez le titre du chapitre. Réfléchissez à ce que pourrait être le sujet de l'histoire. Puis lisez l'histoire jusqu'au bout. Votre objectif est simplement d'atteindre la fin de l'histoire. Par conséquent, ne vous arrêtez pas pour chercher des mots et ne vous inquiétez pas s'il y a des choses que vous ne comprenez pas. Essayez simplement de suivre l'intrigue.

2. Lorsque vous arrivez à la fin de l'histoire, parcourez la traduction française pour voir si vous avez compris ce qui s'est passé et reprenez tout contexte qui vous aurait échappé.

3. Revenez en arrière et relisez la même histoire. Si vous le souhaitez, vous pouvez vous concentrer davantage sur les détails de l'histoire qu'auparavant, mais sinon, lisez-la simplement une fois de plus.

4. Ensuite, répondez aux questions de compréhension en Roumain pour vérifier votre compréhension des événements clés de l'histoire. Si vous ne comprenez pas entièrement les questions, ne vous inquiétez pas. Utilisez vos connaissances pour répondre du mieux que vous pouvez.

5. A ce stade, vous devriez avoir une certaine compréhension des principaux événements du chapitre. Si ce n'est pas le cas, vous pouvez relire le chapitre

plusieurs fois en utilisant la traduction pour vérifier les mots et les phrases inconnus jusqu'à ce que vous vous sentiez en confiance.

Une fois que vous êtes prêt et sûr d'avoir compris ce qui s'est passé - que ce soit après une ou plusieurs lectures de l'histoire - passez à l'histoire suivante et continuez à apprécier l'histoire à votre propre rythme, comme vous le feriez pour n'importe quel autre livre.

Ce n'est qu'une fois que vous avez terminé une histoire dans son intégralité que vous pouvez envisager de revenir en arrière et d'étudier le langage de l'histoire plus en profondeur si vous le souhaitez. Au lieu de vous inquiéter de tout comprendre, prenez le temps de vous concentrer sur ce que vous avez compris et de vous féliciter pour tout ce que vous avez fait.

Histoires Courtes

en Roumain

Florin Fieraru

București

Ioniță Ștefănescu este o **tânără care** tocmai s-a mutat din satul ei mic de la țară în București. Este entuziasmată să înceapă o nouă viață în marele oraș, dar descoperă rapid că nu este atât de ușor pe cât credea că va fi. Ioniță își găsește un **loc de muncă** la o piață locală, dar orele lungi și salariul mic îi fac greu să se descurce. Începe să se simtă ca și cum ar fi **blocată** într-o rutină și se întreabă dacă nu cumva există mai mult decât atât în viață. Într-o zi, Ioniță întâlnește o femeie pe nume Lila, care îi povestește despre un club **clandestin** numit Blue Moon, unde oamenii merg să danseze, să bea și să se distreze fără să se îngrijoreze de lumea exterioară. Ionita este intrigată de această idee și decide să meargă să vadă și ea The Blue Moon într-o seară, după serviciu.

Ioniță este nervoasă în timp ce se îndreaptă spre Luna Albastră, **neștiind la** ce să se aștepte. Dar imediat ce intră înăuntru, știe că o să se distreze. Clubul este întunecat și misterios, cu lumini albastre care luminează **ringul de dans**. Ioniță se simte ca și cum ar fi fost transportată într-o altă lume. Începe să danseze și uită de toate problemele ei. Pentru prima dată după luni de zile, se simte **vie** și fericită. Dansează toată noaptea și își face noi prieteni care îi împărtășesc dragostea

Bucarest

Ionita Stefanescu est une jeune **femme qui** vient de quitter son petit village de campagne pour s'installer à Bucarest. Elle est impatiente de commencer sa nouvelle vie dans la grande ville, mais elle découvre rapidement que ce n'est pas aussi facile qu'elle le pensait. Ionita trouve un **emploi** sur un marché local, mais les longues heures de travail et le faible salaire ne lui permettent pas de joindre les deux bouts. Elle commence à avoir l'impression d'être **coincée** dans une ornière et se demande s'il n'y a pas autre chose à faire dans la vie. Un jour, Ionita rencontre une femme nommée Lila, qui lui parle d'un club **clandestin** appelé The Blue Moon, où les gens vont pour danser, boire et s'amuser sans se soucier du monde extérieur. Ionita est intriguée par cette idée et décide d'aller voir par elle-même le Blue Moon un soir après le travail.

Ionita est nerveuse lorsqu'elle se rend au Blue Moon, **ne sachant pas à** quoi s'attendre. Mais dès qu'elle entre, elle sait qu'elle va passer un bon moment. Le club est sombre et mystérieux, avec des lumières bleues qui illuminent la **piste de danse**. Ionita a l'impression d'avoir été transportée dans un autre monde. Elle commence à danser et oublie tous ses problèmes. Pour la première fois depuis des mois, elle

pentru muzică și **dans**.

A doua zi, Ioniță se trezește odihnit și revigorat. Ea decide să renunțe la slujba de la piață și să înceapă să exploreze mai mult Bucureștiul, acum că știe că viața înseamnă mult mai mult decât să muncească toată ziua. Ioniță descoperă că Bucureștiul este un oraș plin de istorie, **cultură** și viață de noapte. Își petrece zilele **explorând** diferitele cartiere și învățând despre oamenii care locuiesc acolo. De asemenea, începe să învețe mai multe despre ea însăși și despre ceea ce își dorește de la viață. Un an mai târziu, Ioniță este o persoană complet diferită față de cum era atunci când a ajuns pentru prima dată în București. Este încrezătoare, fericită și și-a găsit locul în **lume**. De fiecare dată când se gândește la vechea ei viață din **sat, i se** pare că a trecut o viață. Ioniță știe că Bucureștiul este acum casa ei și că nu ar vrea să plece niciodată.

se sent **vivante** et heureuse. Elle danse toute la nuit et se fait de nouveaux amis qui partagent son amour de la musique et de la **danse**.

Le lendemain, Ionita se réveille avec un sentiment de fraîcheur et de vitalité. Elle décide de quitter son emploi au marché et de commencer à explorer Bucarest, maintenant qu'elle sait qu'il y a beaucoup plus à faire dans la vie que de travailler toute la journée. Ionita découvre que Bucarest est une ville pleine d'histoire, de **culture** et de vie nocturne. Elle passe ses journées à **explorer les** différents quartiers et à apprendre à connaître les gens qui y vivent. Elle commence également à en savoir plus sur elle-même et sur ce qu'elle attend de la vie. Un an plus tard, Ionita est une personne complètement différente de celle qu'elle était à son arrivée à Bucarest. Elle est confiante, heureuse et a trouvé sa place dans le **monde**. Lorsqu'elle repense à la vie de son ancien **village**, elle a l'impression que c'était il y a une éternité. Ionita sait que Bucarest est désormais sa maison et qu'elle ne voudrait jamais la quitter.

Întrebări de înțelegere

1. Cum se numește clubul la care merge Ioniță?

2. Care este culoarea principală a clubului?

3. Cum se simte Ioniță atunci când se află în club?

4. Cu cine se întâlnește Ioniță la club?

5. Ce îi spune Lila lui Ioniță despre club?

6. Cum se simte Ioniță când se trezește a doua zi?

7. Ce face Ioniță după ce își dă demisia?

8. Cum este un an mai târziu pentru Ioniță?

9. Ce părere are Ioniță despre viața din sat?

10. Unde este casa lui Ioniță?

Questions de compréhension

1. Quel est le nom du club que fréquente Ionita ?

2. Quelle est la couleur principale du club ?

3. Comment se sent Ionita quand elle est au club ?

4. Qui Ionita rencontre-t-elle au club ?

5. Que dit Lila à Ionita à propos du club ?

6. Comment se sent Ionita quand elle se réveille le lendemain ?

7. Que fait Ionita après avoir quitté son emploi ?

8. Comment se passe un an plus tard pour Ionita ?

9. Que pense Ionita de la vie dans son village ?

10. Où se trouve la maison de Ionita ?

Munții Carpați

Munții Carpați sunt un loc **frumos**, dar periculos. Eu și familia mea făceam o drumeție prin ei când am auzit deodată un zgomot puternic. Părea că ceva vine spre noi! Ne-am ascuns repede după niște **stânci**, dar orice ar fi fost, ne-a găsit. S-a dovedit a fi un urs mare! Ursul a început să ne atace și a trebuit să ne luptăm pentru viețile noastre. Din fericire, am reușit să ucidem ursul înainte ca acesta să ne facă vreun **rău serios.** Cu toate acestea, această experiență mi-a lăsat un respect profund pentru pericolele din Munții Carpați. Eu și familia mea făceam o drumeție prin Munții Carpați când am auzit **brusc** un zgomot puternic. Părea că ceva vine spre noi!

Ne-am ascuns repede după niște pietre, dar orice ar fi fost, ne-a găsit. S-a dovedit a fi un urs mare! Ursul a început să ne atace și a trebuit să ne **luptăm** pentru viețile noastre. Din fericire, am reușit să ucidem ursul înainte ca acesta să ne facă vreun rău serios. Cu toate acestea, această experiență mi-a lăsat un **respect** profund pentru pericolele din Munții Carpați. După întâlnirea cu ursul, am decis să ne întoarcem. Eram cu toții zdruncinați și nu am vrut să ne asumăm niciun risc. În timp ce începeam să ne îndreptăm spre **munte, am**

Montagnes des Carpates

Les montagnes des Carpates sont un endroit **magnifique** mais dangereux. Ma famille et moi y faisions une randonnée quand nous avons soudain entendu un grand bruit. On aurait dit que quelque chose venait vers nous ! Nous nous sommes rapidement cachés derrière des **rochers**, mais quoi que ce soit, il nous a trouvés. Il s'agissait d'un gros ours ! L'ours a commencé à nous attaquer, et nous avons dû nous battre pour notre vie. Heureusement, nous avons pu tuer l'ours avant qu'il ne nous fasse de graves **dégâts**. Cependant, cette expérience m'a donné un profond respect pour les dangers des Carpates. Ma famille et moi étions en train de faire une randonnée dans les Carpates lorsque nous avons **soudainement** entendu un grand bruit. On aurait dit que quelque chose venait vers nous !

Nous nous sommes rapidement cachés derrière quelques rochers, mais peu importe ce que c'était, il nous a trouvés. Il s'agissait d'un gros ours ! L'ours a commencé à nous attaquer, et nous avons dû **nous battre** pour notre vie. Heureusement, nous avons pu tuer l'ours avant qu'il ne nous fasse de graves dégâts. Cependant, cette expérience m'a donné un profond

auzit un alt zgomot. De data aceasta, părea că cineva plângea. Am urmărit sunetul și am găsit o fetiță care se **rătăcise**.

Era îngrozită și plină de zgârieturi de la alergarea în tufișuri. Am liniștit-o și am ajutat-o să găsească drumul înapoi spre siguranță. Munții Carpați sunt un loc frumos, dar pot fi foarte **periculoși** dacă nu ești atent. În cele din urmă am reușit să ne întoarcem la **mașină** și am plecat din Munții Carpați. A fost la limită, dar am fost cu toții în siguranță. Nu voi uita niciodată ce s-a întâmplat **în timpul** drumeției noastre și voi fi mereu **recunoscător că am reușit să** scăpăm cu viață. Munții Carpați sunt un loc frumos, dar sunt și foarte periculoși. Dacă vă aflați vreodată în munți, asigurați-vă că rămâneți în alertă și urmăriți orice semn de pericol.

respect pour les dangers des Carpates. Après notre rencontre avec l'ours, nous avons décidé de faire demi-tour. Nous étions tous secoués et nous ne voulions pas prendre de risques. Alors que nous commencions à descendre la **montagne**, nous avons entendu un autre bruit. Cette fois, on aurait dit que quelqu'un pleurait. Nous avons suivi le bruit et avons trouvé une petite fille qui s'était **perdue**.

Elle était terrifiée et couverte d'égratignures pour avoir couru dans les buissons. Nous l'avons réconfortée et aidée à retrouver le chemin de la sécurité. Les Carpates sont un endroit magnifique, mais elles peuvent être très **dangereuses** si l'on ne fait pas attention. Nous sommes finalement parvenus à regagner notre **voiture** et à nous éloigner des Carpates. Nous l'avons échappé belle, mais nous sommes tous sains et saufs. Je n'oublierai jamais ce qui s'est passé **pendant** notre randonnée, et je serai toujours **reconnaissant de** nous en être sortis vivants. Les Carpates sont un endroit magnifique, mais elles sont aussi très dangereuses. Si vous vous trouvez un jour dans les montagnes, restez vigilant et soyez attentif à tout signe de danger.

Întrebări de înțelegere

1. Ce spune autorul despre Munții Carpați?

2. Ce s-a întâmplat când familia era în drumeție?

3. Care a fost zgomotul pe care l-au auzit?

4. Ce au găsit când au urmărit zgomotul?

5. De ce s-a pierdut fetița?

6. Cum s-a simțit familia când a ajuns înapoi la mașină?

7. Care este părerea generală a autorului despre Munții Carpați?

8. Ce sfat le dă autorul oamenilor care se află în munți?

9. Ce s-ar fi putut întâmpla dacă familia nu ar fi reușit să omoare ursul?

10. Ce credeți că își va aminti cel mai mult autorul despre drumeția sa?

Questions de compréhension

1. Que dit l'auteur à propos des Carpates ?

2. Que s'est-il passé lorsque la famille a fait une randonnée ?

3. Quel était le bruit qu'ils ont entendu ?

4. Qu'ont-ils trouvé en suivant le bruit ?

5. Pourquoi la petite fille était-elle perdue ?

6. Comment la famille s'est-elle sentie lorsqu'elle est retournée à la voiture ?

7. Quelle est l'opinion générale de l'auteur sur les Carpates ?

8. Quels conseils l'auteur donne-t-il aux personnes qui se retrouvent en montagne ?

9. Que se serait-il passé si la famille n'avait pas réussi à tuer l'ours ?

10. A votre avis, qu'est-ce que l'auteur retiendra le plus de sa randonnée ?

Sarmale

Era o zi rece de iarnă în București, iar **zăpada** cădea ușor din cer. Românii adoră sarmalele, un fel de mâncare tradițională din frunze de **varză** umplute cu carne de porc și orez. La fel și eu. Bunica mea făcea cea mai bună sarmale din lume. Ori de câte ori o vizitam, avea întotdeauna o oală de sarmale care fierbea pe aragaz, gata să fie devorată de familia ei iubitoare. Dar astăzi, nu mai există sarmale pentru mine. Indiferent cât de mult o implor și o rog pe bunica mea, ea refuză să mi-l facă. Spune că este prea bătrână și că nu mai are **puterea** de a-l face. Dezamăgit, mă târăsc înapoi acasă prin zăpadă, cu stomacul mârâind tot drumul. Ajung acasă și o găsesc pe mama în **bucătărie,** gătindu-mi o furtună.

Mirosul delicios de sarmale umple aerul, iar mie îmi vine instantaneu apa în **gură.** Se pare că a făcut suficient pentru o armată! Când o întreb de ce a gătit atât de mult, zâmbește pur și simplu și spune că știe cât de mult îmi place sarmale și a vrut să se asigure că am ce **mânca.** Mulțumindu-i din belșug, mă arunc în oala de sarmale și **devorez** cât de multe pot. Sunt absolut delicioase! Cu fiecare îmbucătură, pot simți dragostea și grija bunicii mele. Chiar dacă nu mai este printre noi, spiritul ei continuă să trăiască prin acest minunat

Sarmale

C'était une froide journée d'hiver à Bucarest et la **neige** tombait doucement du ciel. Les Roumains adorent leur sarmale, un plat traditionnel composé de feuilles de **chou** farcies de porc et de riz. Moi aussi. Ma grand-mère faisait les meilleurs sarmales du monde. Chaque fois que je lui rendais visite, elle avait toujours une casserole de sarmale qui mijotait sur la cuisinière, prête à être dévorée par sa famille aimante. Mais aujourd'hui, il n'y a pas de sarmale pour moi. J'ai beau supplier ma grand-mère, elle refuse d'en faire pour moi. Elle dit qu'elle est trop vieille et qu'elle n'a plus la **force** de le faire. Déçue, je rentre à la maison dans la neige, mon estomac grondant tout le long du chemin. En arrivant à la maison, je trouve ma mère dans la **cuisine**, en train de préparer une tempête.

La délicieuse odeur de sarmale emplit l'air et ma **bouche** se met à saliver instantanément. On dirait qu'elle en a fait assez pour une armée ! Quand je lui demande pourquoi elle a cuisiné autant, elle sourit simplement et me dit qu'elle sait combien j'aime les sarmales et qu'elle voulait s'assurer que j'en aurais beaucoup à **manger**. La remerciant abondamment, je me plonge dans le pot de sarmale et en **dévore autant** que je peux. Ils sont absolument délicieux ! À chaque

fel de mâncare. În fiecare iarnă, îmi propun să vizitez **mormântul** bunicii mele și să am o oală de sarmale care să fiarbă la foc mic pe aragaz, așa cum făcea ea. Este modul meu de a-i cinsti memoria și de a o păstra vie în **inimile** noastre.

În timp ce mă așez să mă bucur de un alt bol delicios de sarmale, nu pot să nu zâmbesc, știind că, deși a murit, moștenirea ei continuă să trăiască prin acest fel de mâncare pe care îl iubim cu toții atât de mult. Sarmale nu este doar un **fel de mâncare,** este o parte din ceea ce suntem. Este o parte din cultura și **istoria noastră**. Și va continua să fie transmisă din generație în generație, aducându-ne pe toți împreună în acest proces. Așadar, data viitoare când vă veți bucura de un **bol** de sarmale, gândiți-vă un moment la cei care au venit înaintea noastră și au făcut din acest fel de mâncare ceea ce este astăzi. Și aceasta este povestea sarmalei. Un fel de **mâncare** care este mult mai mult decât o simplă **mâncare**. Este o parte din identitatea noastră și va continua să ne aducă pe toți **împreună în** anii ce vor urma.

bouchée, je peux sentir l'amour et l'attention de ma grand-mère. Même si elle n'est plus parmi nous, son esprit vit à travers ce merveilleux plat. Chaque hiver, je me fais un devoir de me rendre sur la **tombe** de ma grand-mère et de faire mijoter une casserole de sarmale sur la cuisinière, comme elle le faisait. C'est ma façon d'honorer sa mémoire et de la garder vivante dans nos **cœurs**.

Alors que je m'assois pour déguster un autre délicieux bol de sarmale, je ne peux m'empêcher de sourire en sachant que même si elle n'est plus là, son héritage perdure à travers ce plat que nous aimons tous tant. Le sarmale n'est pas seulement un **plat**, c'est une partie de ce que nous sommes. C'est une partie de notre culture et de notre **histoire**. Et il continuera à être transmis de génération en génération, nous rassemblant tous au passage. La prochaine fois que vous vous assiérez pour déguster un **bol** de sarmale, prenez un moment pour penser à ceux qui nous ont précédés et qui ont fait de ce plat ce qu'il est aujourd'hui. Telle est l'histoire du sarmale. Un plat qui est bien plus qu'un simple **aliment**. C'est une partie de notre identité et il continuera à nous **rassembler** pour les années à venir.

Întrebări de înțelegere

1. Ce este sarmale?

2. Care este umplutura tradițională pentru sarmale?

3. De ce bunica protagonistului nu face sarmale astăzi?

4. Ce simte protagonistul atunci când simte mirosul de sarmale gătite acasă?

5. De ce mama protagonistului făcea atât de multă sarmale?

6. Cum se simte protagonistul după ce mănâncă sarmale?

7. Care este planul protagonistului pentru a onora memoria bunicii sale?

8. Care este semnificația sarmalei în cultura românească?

9. Cum se transmite sarmalele din generație în generație?

10. Despre ce este vorba în povestea lui sarmale?

Questions de compréhension

1. Qu'est-ce que le sarmale ?

2. Quelle est la garniture traditionnelle des sarmales ?

3. Pourquoi la grand-mère du protagoniste ne fait-elle pas de sarmale aujourd'hui ?

4. Que ressent le protagoniste lorsqu'il sent l'odeur de la sarmale en train de cuire à la maison ?

5. Pourquoi la mère du protagoniste faisait-elle autant de sarmale ?

6. Que ressent le protagoniste après avoir mangé du sarmale ?

7. Quel est le projet du protagoniste pour honorer la mémoire de sa grand-mère ?

8. Quelle est la signification du sarmale dans la culture roumaine ?

9. Comment le sarmale se transmet-il de génération en génération ?

10. De quoi parle l'histoire de Sarmale ?

Constantin Brâncuși

Constantin Brâncuși s-a născut în 1876 în România. A crescut înconjurat de **frumoșii** Munți Carpați și de Marea Neagră. De la o vârstă fragedă, a manifestat interes pentru artă și a fost încurajat de familia sa să o urmeze. După ce a terminat liceul, s-a înscris la Școala de Arte Frumoase din București, unde a studiat timp de doi ani înainte de a se **muta la** Paris în 1900. Acolo, și-a continuat studiile la École des Beaux-Arts și și-a dezvoltat rapid un stil propriu și unic, care îl va transforma într-unul dintre cei mai importanți sculptori ai secolului XX. **Opera** lui Brâncuși se caracterizează prin simplitate și abstractizare. Scopul său a fost de a surprinde esența subiecților săi mai degrabă decât aspectul lor **fizic.** Acest lucru poate fi observat în lucrări precum "Sărutul", care înfățișează doi îndrăgostiți care se îmbrățișează fără nicio trăsătură facială, sau "Pasăre în spațiu", care prezintă o pasăre cu aripile întinse, dar fără picioare sau pene de coadă.

Deși aceste sculpturi pot părea **simple** la prima vedere, ele sunt de fapt destul de complexe și necesită o mare îndemânare pentru a fi create. De-a lungul carierei sale, Brâncuși a experimentat cu diferite materiale și **tehnici**. A folosit adesea marmură sau lemn pentru sculpturile tradiționale, dar a lucrat, de asemenea, cu bronz, metal, piatră și chiar sticlă, **ocazional**. Pe lângă sculptură,

Constantin Brancusi

Constantin Brancusi est né en 1876 en Roumanie.
Il grandit entouré des **magnifiques** montagnes des
Carpates et de la mer Noire. Dès son plus jeune âge,
il a montré un intérêt pour l'art et a été encouragé par
sa famille à le poursuivre. Après avoir terminé ses
études secondaires, il s'inscrit à l'École des beaux-
arts de Bucarest, où il étudie pendant deux ans avant
de **partir** pour Paris en 1900. Il y poursuit ses études
à l'École des Beaux-Arts et développe rapidement
son style unique qui fera de lui l'un des sculpteurs les
plus importants du XXe siècle. L'**œuvre** de Brancusi
se caractérise par sa simplicité et son abstraction.
Son objectif était de capturer l'essence de ses sujets
plutôt que leur apparence **physique**. C'est ce que l'on
peut voir dans des œuvres telles que "Le baiser", qui
représente deux amoureux enlacés sans aucun trait
de visage, ou "Oiseau dans l'espace", qui montre un
oiseau aux ailes déployées mais sans pattes ni plumes
de la queue.

Bien que ces sculptures puissent paraître **simples** à
première vue, elles sont en réalité assez complexes et
leur réalisation exige beaucoup de savoir-faire. Tout au
long de sa carrière, Brancusi a expérimenté différents
matériaux et **techniques**. Il a souvent utilisé le marbre
ou le bois pour ses sculptures traditionnelles, mais il

s-a mai ocupat și de pictură și fotografie, deși niciunul dintre aceste medii nu i-a captat vreodată imaginația așa cum a făcut-o **sculptura.** Indiferent de materialul cu care lucra sau de tehnica pe care o folosea, Brâncuși a urmărit întotdeauna perfecționismul, atât din punct de vedere estetic, cât și tehnic. O poveste interesantă despre Constantin Brâncuși implică Coloana fără sfârșit, una dintre cele mai **faimoase** sculpturi ale sale.

Versiunea originală era formată din 16 secțiuni **identice** suprapuse, dar atunci când a fost instalată în aer liber , doar 14 au putut fi folosite, deoarece erau prea înalte. Așa că, în schimb , Brancusis a tăiat două secțiuni de jos, făcându-le mai scurte decât toate cele de deasupra lor. Acest lucru a **creat** o iluzie optică prin care Coloana Fără Sfârșit părea mult mai înaltă decât era de fapt atunci când era privită de la distanță; toate cele 16 **secțiuni** păreau a fi încă intacte, în ciuda faptului că au fost tăiate fizic. Constantin Brâncuși a murit în 1957, la vârsta de 81 de ani. A fost incinerat, iar cenușa sa a fost împrăștiată în jurul Coloanei fără sfârșit , pe care o considera cea mai importantă lucrare a sa. Astăzi, sculpturile sale pot fi găsite în muzee din întreaga lume și continuă să **inspire** artiști din toate mediile.

a également travaillé le bronze, le métal, la pierre et même le verre à l'**occasion**. Outre la sculpture, il s'est également essayé à la peinture et à la photographie, bien qu'aucun de ces deux médiums n'ait jamais captivé son imagination comme le faisait la **sculpture**. Quel que soit le matériau avec lequel il travaillait ou la technique qu'il utilisait, Brancusi a toujours recherché le perfectionnisme, tant sur le plan esthétique que technique. Une histoire intéressante sur Constantin Brancusi concerne la Colonne sans fin, l'une de ses sculptures les plus **célèbres**.

La version originale était composée de 16 sections **identiques** empilées les unes sur les autres, mais lorsqu'elle a été installée à l'extérieur, seules 14 sections ont pu être utilisées car elles étaient trop hautes. À la place, Brancusis a donc coupé deux sections du bas, les rendant plus courtes que toutes celles qui les surmontaient. Cela a **créé** une illusion d'optique, la Colonne sans fin paraissant beaucoup plus haute qu'elle ne l'était en réalité lorsqu'elle était vue de loin ; les 16 **sections** semblaient intactes malgré leur séparation physique. Constantin Brancusi est mort en 1957 à l'âge de 81 ans. Il a été incinéré et ses cendres ont été dispersées autour de La Colonne sans fin, qu'il considérait comme son œuvre la plus importante. Aujourd'hui, ses sculptures se trouvent dans des musées du monde entier et continuent d'**inspirer des** artistes de tous horizons.

Întrebări de înțelegere

1. Unde s-a născut Constantin Brâncuși?

2. Care a fost mediul de lucru ales de Constantin Brâncuși?

3. Cum se numea una dintre cele mai cunoscute sculpturi ale lui Constantin Brâncuși?

4. Ce a făcut Constantin Brâncuși cu cenușa sa după ce a murit?

5. Care a fost scopul lui Constantin Brâncuși cu sculpturile sale?

6. Ce școală a urmat Constantin Brâncuși pentru educația sa artistică?

7. În ce an s-a mutat Constantin Brâncuși la Paris?

8. Ce tip de sculptură este "Sărutul"?

9. Din ce era compusă versiunea originală a Coloanei fără sfârșit?

10. Cum a reușit Constantin Brâncuși să facă Coloana fără sfârșit să pară mai înaltă decât este în realitate?

Questions de compréhension

1. Où est né Constantin Brancusi ?

2. Quel était le médium de prédilection de Constantin Brancusi ?

3. Quel est le nom de l'une des sculptures les plus célèbres de Constantin Brancusi ?

4. Qu'a fait Constantin Brancusi de ses cendres après sa mort ?

5. Quel était le but de Constantin Brancusi avec ses sculptures ?

6. Quelle école Constantin Brancusi a-t-il fréquentée pour sa formation artistique ?

7. En quelle année Constantin Brancusi s'est-il installé à Paris ?

8. Quel type de sculpture est "Le Baiser" ?

9. De quoi était composée la version originale de The Endless Column ?

10. Comment Constantin Brancusi a-t-il fait pour que la Colonne sans fin paraisse plus haute qu'elle ne l'est en réalité ?

Urșii bruni

Ursul brun era foarte obosit. **Mergea** de zile întregi, de când văzuse în depărtare incendiul uriaș de pădure. Flăcările erau din ce în ce mai aproape, iar ursul știa că trebuie să găsească un loc sigur unde să se ascundă. În cele din urmă, după ceea ce părea o veșnicie, ursul a dat peste o peșteră **mică.** Era suficient de mare pentru el și s-a târât repede înăuntru. Peștera era întunecată și mucegăită, dar era **mai bine** decât afară, unde fumul de la foc îl făcea să respire cu greu. Ursul s-a ghemuit într-un ghem și a încercat să doarmă. Următorul lucru pe care ursul l-a observat a fost că a fost scuturat și trezit. A deschis ochii groggy și a văzut un grup de oameni care **stăteau în fața** lui. Cu toții purtau haine ciudate și aveau rucsacuri mari în spate. Ursul nu știa ce erau, dar nu-i plăcea cum arătau.

Unul dintre oameni a făcut un pas înainte și a spus **ceva** într-o limbă pe care ursul nu o putea înțelege. Dar după tonul vocii sale, părea că întreabă dacă ursul este bine. Ursul s-a holbat la el pentru o clipă înainte de a da încet din cap "da". Omul a zâmbit și le-a făcut semn celorlalți să își **lase jos** rucsacurile. Aceștia au făcut cum le-a spus și apoi s-au așezat ei înșiși, scoțând ceva **mâncare** din saci. După câteva minute, unul dintre ei a ridicat o bucată de carne spre urs și i-a făcut

Ours brun

L'ours brun est très fatigué. Il **marchait depuis** des
jours, depuis qu'il avait vu l'énorme feu de forêt au loin.
Les flammes se rapprochaient de plus en plus, et l'ours
savait qu'il devait trouver un endroit sûr où se cacher.
Finalement, après ce qui lui a semblé être une éternité,
l'ours est tombé sur une **petite** grotte. Elle était juste
assez grande pour qu'il puisse y entrer, et il s'y est
rapidement glissé. La grotte était sombre et moisie,
mais c'était **mieux** que d'être dehors où la fumée du feu
rendait la respiration difficile. L'ours s'est mis en boule
et a essayé de dormir un peu. La prochaine chose
que l'ours sait, c'est qu'on le secoue pour le réveiller. Il
ouvre les yeux en titubant et voit un groupe d'humains
se tenir devant lui. Ils portaient tous des vêtements
étranges et avaient de gros sacs sur le dos. L'ours
ne savait pas ce que c'était, mais il n'aimait pas leur
apparence.

L'un des humains s'avance et dit **quelque chose**
dans une langue que l'ours ne comprend pas. Mais
d'après le ton de sa voix, on aurait dit qu'il demandait
si l'ours allait bien. L'ours l'a regardé fixement pendant
un moment avant de hocher lentement la tête "oui".
L'humain a souri et a fait signe aux autres de **poser**
leurs sacs. Ils ont fait ce qu'il a dit et se sont assis eux-

semn să se apropie. Tentativ, ursul a făcut câțiva pași înainte și a mirosit mâncarea oferită înainte de a o lua cu grijă în gură. Trecuseră câteva zile de când ursul îi întâlnise pentru prima dată pe oameni. Rămăsese cu ei în **peștera** lor, iar aceștia îi dăduseră chiar și un nume: Smokey. Oamenii erau buni cu el, iar lui Smokey îi plăcea să fie în preajma lor.

De multe ori îi dădeau de mâncare, iar uneori ajungea chiar să **doarmă** în patul lor! Dar astăzi, ceva a fost diferit. Oamenii își împachetau repede lucrurile, iar Smokey putea simți că erau **speriați** de ceva. Nu a durat mult până când ursul a aflat ce se întâmplă. Un alt grup de oameni - acesta purtând haine închise la culoare și având arme - a intrat în peșteră. Smokey nu știa ce se întâmpla, dar își dădea seama că primul grup de oameni era în pericol. Fără să mai stea pe **gânduri, a atacat cel** de-al doilea grup de oameni, mârâind cu ferocitate în timp ce făcea acest lucru. Ceilalți oameni au fost luați prin surprindere de atacul brusc și au fugit cât de repede au putut, lăsându-și **camarazii** răniți în urmă în graba lor de a scăpa.

mêmes, sortant un peu de **nourriture** de leurs sacs. Après quelques minutes, l'un d'entre eux a tendu un morceau de viande vers l'ours et lui a fait signe de s'approcher. Tentant de s'approcher, l'ours fit quelques pas en avant et renifla la nourriture offerte avant de la prendre avec précaution dans sa bouche. Cela faisait quelques jours que l'ours avait rencontré les humains pour la première fois. Il était resté avec eux dans leur **grotte**, et ils lui avaient même donné un nom : Smokey. Les humains étaient gentils avec lui, et Smokey aimait être avec eux.

Ils lui donnaient souvent à manger, et parfois il pouvait même **dormir** dans leur lit ! Mais aujourd'hui, quelque chose était différent. Les humains rangeaient leurs affaires rapidement, et Smokey pouvait sentir qu'ils avaient **peur** de quelque chose. Il n'a pas fallu longtemps à l'ours pour comprendre ce qui se passait. Un autre groupe d'humains - celui-ci portant des vêtements sombres et des armes - est entré dans la grotte. Smokey ne savait pas ce qui se passait, mais il pouvait dire que le premier groupe d'humains était en danger. Sans **réfléchir** davantage, il a foncé sur le deuxième groupe d'humains en grognant férocement. Les autres humains ont été pris par surprise par cette attaque soudaine et se sont enfuis aussi vite qu'ils le pouvaient, laissant leurs **camarades** blessés derrière eux dans leur hâte de s'échapper.

Întrebări de înțelegere

1. Ce a văzut ursul brun în depărtare care l-a făcut să înceapă să meargă?

2. Ce a simțit ursul când i-a văzut prima dată pe oameni?

3. Ce au făcut oamenii când al doilea grup de oameni a intrat în peșteră?

4. De ce primul grup de oameni și-a lăsat în urmă camarazii răniți?

5. Ce părere a avut ursul brun despre oameni după ce a petrecut ceva timp cu ei?

6. Cum arăta cel de-al doilea grup de oameni?

7. Ce a făcut primul grup de oameni când a văzut al doilea grup de oameni?

8. Ce a făcut ursul brun când a văzut al doilea grup de oameni?

9. Când i-a întâlnit ursul brun prima dată pe oameni?

10. Ce era diferit la oameni când Smokey i-a văzut împachetându-și lucrurile?

Questions de compréhension

1. Qu'a vu l'ours brun au loin pour qu'il se mette à marcher ?

2. Que pensait l'ours des humains lorsqu'il les a vus pour la première fois ?

3. Qu'ont fait les humains lorsque le deuxième groupe d'humains est entré dans la grotte ?

4. Pourquoi le premier groupe d'humains a-t-il laissé derrière lui ses camarades blessés ?

5. Que pense l'ours brun des humains après avoir passé du temps avec eux ?

6. A quoi ressemblait le deuxième groupe d'humains ?

7. Qu'a fait le premier groupe d'humains lorsqu'il a vu le deuxième groupe d'humains ?

8. Qu'a fait l'ours brun quand il a vu le deuxième groupe d'humains ?

9. Quand l'ours brun a-t-il rencontré les humains pour la première fois ?

10. Qu'est-ce qui était différent chez les humains quand Smokey les a vus ranger leurs affaires ?

Castelul Bran

Soarele abia începuse să apună când Castelul Bran a intrat în vizor. Era o priveliște frumoasă, cocoțat în vârful unui **deal** în mijlocul Transilvaniei. Cerul era plin de culoare, iar castelul părea să strălucească în lumină. Pe măsură ce se apropiau, grupul a putut vedea că porțile erau deschise și nu părea să fie nimeni în jur. Au ezitat o clipă, dar apoi au decis să intre înăuntru. După ce au **intrat, au** început să exploreze castelul. Era sinistru de liniștit și nu părea să existe semne de **viață** nicăieri. Și-au dat seama curând că nu erau singuri, totuși, când au auzit pași venind de la etaj. Mai era cineva în castel! S-au îndreptat cu precauție spre **etaj**, urmând pașii. În curând au ajuns la o ușă care era ușor **întredeschisă**.

Aruncând o privire înăuntru, au văzut pe cineva stând în fața unei **ferestre,** privind soarele care apunea. Persoana s-a întors și au văzut că era o femeie în vârstă. Avea o față blândă și a **zâmbit** când i-a văzut. Le-a făcut semn să intre și s-a prezentat ca fiind contesa Dracula. Le-a spus că soțul ei, Vlad Țepeș, murise de mulți ani, dar ea încă mai locuia în castel pentru că acesta îi purta atâtea amintiri. Contesa Dracula le-a arătat grupului împrejurimile **castelului** și le-a spus povești despre istoria acestuia. Ea a vorbit

Château de Bran

Le soleil commençait tout juste à se coucher lorsque le château de Bran est apparu. C'était une vue magnifique, perché au sommet d'une **colline au** milieu de la Transylvanie. Le ciel était embrasé de couleurs, et le château semblait briller dans la lumière. En s'approchant, le groupe a pu constater que les portes étaient ouvertes et qu'il ne semblait y avoir personne. Ils ont hésité un moment, puis ont décidé d'entrer. Une fois à **l'intérieur,** ils ont commencé à explorer le château. C'était étrangement calme, et il ne semblait y avoir aucun signe de **vie** nulle part. Ils ont vite compris qu'ils n'étaient pas seuls lorsqu'ils ont entendu des bruits de pas venant de l'étage. Quelqu'un d'autre était dans le château ! Ils se dirigent prudemment vers **l'étage**, en suivant les bruits de pas. Ils arrivent bientôt à une porte légèrement **entrouverte**.

En jetant un coup d'œil à l'intérieur, ils ont vu quelqu'un debout devant une **fenêtre**, regardant le soleil couchant. La silhouette s'est retournée, et ils ont vu que c'était une vieille femme. Elle avait un visage aimable, et elle a **souri** quand elle les a vus. Elle leur fait signe d'entrer et se présente comme la comtesse Dracula. Elle leur dit que son mari, Vlad Tepes, était mort depuis de nombreuses années, mais qu'elle vivait toujours

despre Vlad Țepeș cu mare dragoste și admirație, chiar dacă era cunoscut ca un conducător crud. Când a început să se facă noapte, i-a invitat să rămână la **cină**.

În timpul cinei, contesa i-a întrebat dacă vor să audă una dintre poveștile **preferate ale** lui Vlad... Povestea despre cum a fost înjunghiat. Toți au fost de acord că le-ar plăcea să o audă! Așa că contesa a început... "Totul a început într-o noapte întunecată, exact ca aceasta." Pe măsură ce contesa își continua povestea, **grupul** devenea din ce în ce mai **captivat**. Aproape că îl puteau vedea pe Vlad Țepeș în fața lor, împungându-și dușmanii în țepușe. Era o poveste macabră, dar fascinantă. Când povestea s-a terminat, toată lumea i-a mulțumit contesei pentru că a împărtășit-o cu ei. I-au urat **noapte bună** și s-au retras în camerele lor. În timp ce se aflau în pat, au putut auzi în **depărtare** urletul lupilor.

dans le château car il renfermait tant de souvenirs pour elle. La comtesse Dracula fait visiter le **château** au groupe et leur raconte des histoires sur son histoire. Elle parle de Vlad Tepes avec beaucoup d'amour et d'admiration, même s'il était connu pour être un souverain cruel. Alors que la nuit commence à tomber, elle les invite à rester pour **dîner**.

Pendant le dîner, la comtesse a demandé s'ils voulaient entendre une des histoires **préférées** de Vlad... L'histoire de comment il est devenu empalé. Tout le monde est d'accord pour dire qu'ils aimeraient l'entendre ! Alors la comtesse commence... "Tout a commencé par une nuit sombre comme celle-ci." Alors que la comtesse poursuit son histoire, le **groupe est de plus** en plus **captivé**. Ils pouvaient presque voir Vlad Tepes devant eux, empalant ses ennemis sur des pieux. C'est un récit horrible mais fascinant. Une fois l'histoire terminée, tout le monde remercie la comtesse de l'avoir partagée avec eux. Ils lui ont souhaité **bonne nuit** et se sont retirés dans leurs chambres. Alors qu'ils étaient allongés dans leur lit, ils pouvaient entendre le bruit des loups hurlant au **loin**.

Întrebări de înțelegere

1. Cum arată castelul?

2. Cum este cerul?

3. Cum arată castelul în lumină?

4. Ce face grupul când vede castelul?

5. Ce își dau seama când se află în interiorul castelului?

6. Cine se află în castel cu ei?

7. Ce le spune bătrâna?

8. Ce îi invită să facă?

9. Despre ce este vorba în poveste?

10. Ce aude grupul noaptea?

Questions de compréhension

1. À quoi ressemble le château ?

2. Comment est le ciel ?

3. A quoi ressemble le château dans la lumière ?

4. Que fait le groupe lorsqu'il voit le château ?

5. Que réalisent-ils lorsqu'ils sont à l'intérieur du château ?

6. Qui est dans le château avec eux ?

7. Que leur dit la vieille femme ?

8. Que les invite-t-elle à faire ?

9. De quoi parle l'histoire ?

10. Qu'entend le groupe la nuit ?

Delta Dunării

Delta Dunării este un loc de mare frumusețe, dar și un loc de mare **pericol**. Apele sunt înșelătoare, iar viața sălbatică este mortală. Dar pentru o femeie, Delta este casa ei. Nadia a trăit în Deltă cea mai mare parte a vieții sale. Cunoaște fiecare centimetru din ea, de la cele mai adânci adâncimi până la cele **mai înalte** vârfuri. Știe unde să găsească hrană și adăpost și cum să evite creaturile periculoase care se ascund în apele sale. Dar când soțul Nadiei este ucis de un crocodil, ea rămâne singură în Deltă, fără nimeni care să o protejeze. Nadia a fost întotdeauna o supraviețuitoare. S-a născut în Deltă, iar **părinții** ei au învățat-o cum să trăiască din pământ. Nadia a făcut tot ce a putut pentru a rămâne în viață în Deltă. A vânat pentru hrană, a construit adăposturi și a evitat cu orice preț contactul cu alți **oameni.**

Într-o zi, Nadia a întâlnit un bărbat pe nume Alexei, care locuia și el în Deltă. Acesta i-a povestit despre viața lui înainte de a veni în Deltă și despre cum a pierdut **totul** când familia lui a murit într-un incendiu. Nadia s-a simțit atrasă de el și, în timp, au devenit prieteni. Nadia și Alexei au continuat să trăiască **împreună** în Deltă, construindu-și încet-încet o viață pentru ei înșiși. Au vânat și au pescuit împreună, iar Nadia chiar

Delta du Danube

Le delta du Danube est un lieu d'une grande beauté, mais c'est aussi un lieu de grand **danger**. Les eaux sont traîtres et la faune est mortelle. Mais pour une femme, le Delta est sa maison. Nadia a vécu dans le Delta pendant la majeure partie de sa vie. Elle en connaît chaque centimètre, des plus profondes profondeurs aux **plus hauts** sommets. Elle sait où trouver de la nourriture et un abri, et comment éviter les dangereuses créatures qui se cachent dans ses eaux. Mais lorsque le mari de Nadia est tué par un crocodile, elle se retrouve seule dans le Delta, sans personne pour la protéger. Nadia a toujours été une survivante. Elle est née dans le Delta, et ses **parents** lui ont appris à vivre de la terre. Nadia a fait tout ce qu'elle pouvait pour rester en vie dans le Delta. Elle chassait pour se nourrir, construisait des abris et évitait à tout prix le contact avec d'autres **personnes**.

Un jour, Nadia a rencontré un homme nommé Alexei qui vivait également dans le Delta. Il lui a raconté sa vie avant de venir dans le Delta et comment il avait **tout** perdu lorsque sa famille est morte dans un incendie. Nadia s'est sentie attirée par lui, et au fil du temps, ils sont devenus amis. Nadia et Alexei ont continué à vivre **ensemble** dans le Delta, se construisant lentement

a început să-l învețe unele dintre lucrurile pe care o învățaseră părinții ei. Dar într-o zi, viața lor idilică a fost spulberată când un grup de bărbați a venit în Deltă în căutarea supraviețuitorilor unui naufragiu. Aceștia i-au luat pe Nadia și pe Alexei în **captivitate, cu** intenția de a-i vinde ca sclavi. Nadia și Alexei au fost luați de către sclavagisti și vânduți unor proprietari diferiți. Nadia a fost cumpărată de un om **bogat** care a vrut-o ca servitoare personală. A fost tratată bine, dar tânjea după libertate. Între timp, Alexei a fost cumpărat de un fermier crud care l-a folosit ca forță de muncă la **ferma** sa.

Lucra din zori până la apus, fără odihnă și fără mâncare, în afară de cea pe care o putea fura noaptea din bucătăria fermei. Într-o zi, după luni de zile de planificare, Nadia a reușit în cele din urmă să evadeze din **casa** stăpânului ei. S-a întors în Deltă, unde știa că va găsi siguranță. Nadia și-a croit drum prin deltă, evitând **creaturile** periculoase care se ascundeau în apele ei. În cele din urmă, a ajuns la ferma lui Alexei. Alexei a fost șocat să o vadă pe Nadia la ferma lui. Își pierduse speranța de a o mai vedea vreodată. Dar Nadia nu era acolo pentru a se reîntâlni cu el - ea era acolo pentru a se **răzbuna**. Nadia l-a atacat pe fermierul care îl înrobise pe Alexei, folosindu-și toată puterea pentru a-l ucide.

une vie. Ils chassaient et pêchaient ensemble, et Nadia commença même à lui apprendre certaines des choses que ses parents lui avaient enseignées. Mais un jour, leur vie idyllique a été brisée lorsqu'un groupe d'hommes est arrivé dans le Delta à la recherche de survivants d'un naufrage. Ils ont fait **prisonniers** Nadia et Alexei, dans l'intention de les vendre comme esclaves. Nadia et Alexei ont été emmenés par les esclavagistes et vendus à différents propriétaires. Nadia a été achetée par un homme **riche** qui voulait en faire sa servante personnelle. Elle était bien traitée, mais elle aspirait à la liberté. Quant à Alexei, il a été acheté par un fermier cruel qui l'a utilisé comme main-d'œuvre dans sa **ferme**.

Il travaillait de l'aube au crépuscule, sans repos ni nourriture autre que celle qu'il pouvait voler dans la cuisine de la ferme la nuit. Un jour, après des mois de préparation, Nadia a finalement réussi à s'échapper de la **maison de** son propriétaire. Elle est retournée dans le Delta, où elle savait qu'elle trouverait la sécurité. Nadia a traversé le delta, en évitant les dangereuses **créatures** qui se cachaient dans ses eaux. Finalement, elle a atteint la ferme d'Alexei. Alexei était choqué de voir Nadia dans sa ferme. Il avait abandonné tout espoir de la revoir un jour. Mais Nadia n'était pas là pour se réunir avec lui - elle était là pour **se venger**. Nadia a attaqué le fermier qui avait asservi Alexei, utilisant toute sa force pour le tuer.

Întrebări de înțelegere

1. Ce este Delta Dunării?

2. Care este pericolul pe care îl reprezintă Delta Dunării?

3. Cine este Nadia?

4. Ce face Nadia atunci când soțul ei este ucis?

5. Care este povestea lui Alexei?

6. Cum scapă Nadia?

7. Ce face Nadia când se întoarce în Deltă?

8. Cum se schimbă viața Nadiei după ce evadează?

9. Care este tema poveștii?

10. Care este morala poveștii?

Questions de compréhension

1. Qu'est-ce que le delta du Danube ?

2. Quel est le danger du delta du Danube ?

3. Qui est Nadia ?

4. Que fait Nadia lorsque son mari est tué ?

5. Quelle est l'histoire d'Alexei ?

6. Comment Nadia s'échappe-t-elle ?

7. Que fait Nadia lorsqu'elle retourne au Delta ?

8. Comment la vie de Nadia change-t-elle après son évasion ?

9. Quel est le thème de l'histoire ?

10. Quelle est la morale de cette histoire ?

Mici

Era o zi rece de iarnă în București, iar Mici, o **tânără** româncă, mergea la piață cu mama ei. Așteptase cu nerăbdare acest moment toată săptămâna. Mama ei îi promisese că îi va cumpăra din mâncarea ei preferată - mici! Mici sunt mici cârnați din carne de porc și de vită care sunt **foarte populari** în România. De obicei, se prepară la grătar sau la cuptor și se servesc cu muștar sau ketchup. Mici sunt una dintre mâncărurile preferate ale lui Mici și se bucură întotdeauna când mama ei îi cumpără. Astăzi, însă, a fost ceva **diferit în** piață. Era aproape ca și cum ar fi fost goală... Nu era niciun om în jur și nicio tarabă care să vândă vreo mâncare. Singurul lucru care se auzea era sunetul păsărilor ciripind în depărtare. Când au intrat **mai departe** în piață, au văzut de ce era atât de goală... Toată mâncarea fusese luată! Nu mai rămăsese nici măcar un fruct sau o legumă - chiar și taraba cu pâine fusese golită complet!

Mici și mama ei au fost amândouă șocate. Nu **mai** văzuseră niciodată așa ceva. Era ca și cum toată mâncarea din piață dispăruse pur și simplu! S-au mai plimbat o vreme, sperând să găsească ceva - orice - pe care să îl poată cumpăra, dar nu mai era nimic. **Dezamăgiți, au început să se** întoarcă acasă. În drum spre casă, mama lui Mici i-a spus că va trebui să

Mici

C'est une froide journée d'hiver à Bucarest et Mici, une **jeune** Roumaine, se rend au marché avec sa mère. Elle avait attendu ce moment avec impatience toute la semaine. Sa mère lui avait promis de lui acheter son plat préféré : les mici ! Les mici sont de petites saucisses à base de porc et de bœuf, **très populaires** en Roumanie. Elles sont généralement grillées ou cuites au four et servies avec de la moutarde ou du ketchup. Les mici sont l'un des aliments préférés de Mici et elle est toujours ravie lorsque sa mère lui en achète. Aujourd'hui, cependant, il y avait quelque chose de **différent** sur le marché. C'était presque comme s'il était vide... Il n'y avait personne autour et aucun étalage vendant de la nourriture. La seule chose que l'on pouvait entendre était le chant des oiseaux au loin. En **avançant** dans le marché, ils ont compris pourquoi il était si vide... Toute la nourriture avait été prise ! Il n'y avait plus un seul fruit ou légume - même le stand de pain avait été complètement vidé !

Mici et sa mère étaient toutes deux choquées. Elles n'avaient jamais rien vu de tel **auparavant**. C'est comme si toute la nourriture du marché avait disparu ! Elles se promènent encore un peu, espérant trouver quelque chose - n'importe quoi - qu'elles pourraient

rămână fără Mici astăzi. Mici a fost supărată la început, dar apoi și-a dat seama că mai erau și alți oameni în București care nu aveau nici măcar **suficientă** mâncare. A decis că este norocoasă și că ar trebui să fie recunoscătoare pentru ceea ce are. Când au ajuns acasă, mama lui Mici a început să gătească o **masă** simplă de ouă și pâine prăjită.

În timp ce gătea, Mici s-a dus în camera ei și și-a luat jucăria preferată - un cârnat mici de pluș. L-a îmbrățișat strâns în timp ce se gândea la toți oamenii din București care erau înfometați. Mai târziu, în acea noapte, în timp ce stătea întinsă în pat, Mici și-a făcut o **promisiune**: într-o zi, va ajuta să se asigure că toată lumea are suficientă mâncare. Anii au trecut și Mici a crescut și a devenit o tânără puternică și **hotărâtă.** Și-a ținut promisiunea față de ea însăși și a devenit medic. Și-a dedicat viața pentru a-i ajuta pe alții, în special pe cei care erau înfometați sau în nevoie. Mici nu a uitat niciodată ziua **rece** de iarnă în care a văzut piața goală din București. A fost o experiență care i-a schimbat viața pentru totdeauna și care a inspirat-o să facă o diferență în **lume**.

acheter, mais il n'y a plus rien. **Déçus**, ils prennent le chemin du retour. Sur le chemin du retour, la mère de Mici lui dit qu'elle devra se passer de Mici aujourd'hui. Mici est d'abord contrariée, puis elle réalise qu'il y a d'autres personnes à Bucarest qui n'ont même pas de **quoi** manger. Elle a décidé qu'elle avait de la chance et qu'elle devait être reconnaissante pour ce qu'elle avait. Lorsqu'ils sont rentrés chez eux, la mère de Mici a commencé à préparer un **repas** simple composé d'œufs et de toasts.

Pendant qu'elle cuisinait, Mici est allée dans sa chambre et a sorti son jouet préféré - une saucisse Mici en peluche. Elle l'a serré fort dans ses bras en pensant à tous les Bucarestois qui avaient faim. Plus tard dans la nuit, allongée dans son lit, Mici se fait une **promesse** : un jour, elle aidera à faire en sorte que tout le monde ait assez à manger. Les années ont passé et Mici est devenue une jeune femme forte et **déterminée**. Elle a tenu la promesse qu'elle s'était faite et est devenue médecin. Elle a consacré sa vie à aider les autres, en particulier ceux qui avaient faim ou qui étaient dans le besoin. Mici n'a jamais oublié la **froide** journée d'hiver où elle a vu le marché vide de Bucarest. Cette expérience a changé sa vie à jamais et l'a incitée à faire une différence dans le **monde**.

Întrebări de înțelegere

1. Care este numele protagonistului?

2. Ce îi place lui Mici să mănânce?

3. De ce era goală piața?

4. Cum se simte Mici când își dă seama că nu mai există mâncare în piață?

5. De ce mama lui Mici trebuie să gătească o masă simplă atunci când ajung acasă?

6. Ce promisiune își face Mici atunci când se întinde în pat în acea noapte?

7. Cum se schimbă caracterul lui Mici de la începutul până la sfârșitul povestirii?

8. Ce temă este prezentă în poveste?

9. Care credeți că a fost scopul autorului în scrierea acestei povestiri?

10. Ce ai fi făcut dacă ai fi fost în locul lui Mici?

Questions de compréhension

1. Quel est le nom du protagoniste ?

2. Qu'est-ce que Mici aime manger ?

3. Pourquoi le marché était-il vide ?

4. Que ressent Mici lorsqu'elle réalise qu'il n'y a plus de nourriture sur le marché ?

5. Pourquoi la mère de Mici doit-elle préparer un repas simple lorsqu'ils rentrent à la maison ?

6. Quelle promesse se fait Mici lorsqu'elle est allongée dans son lit cette nuit-là ?

7. Comment le personnage de Mici évolue-t-il du début à la fin de l'histoire ?

8. Quel thème est présent dans l'histoire ?

9. À votre avis, quel était le but de l'auteur en écrivant cette histoire ?

10. Qu'auriez-vous fait si vous aviez été à la place de Mici ?

Palatul Parlamentului

Palatul Parlamentului este una dintre cele mai emblematice **clădiri** din București. A fost construit în timpul perioadei comuniste și este un simbol al acelei perioade. Clădirea este masivă și are multe camere și săli diferite. De asemenea, este foarte ornamentată, cu detalii complicate la exterior și în interior. Sunt ghid turistic la palat și îmi place foarte mult munca mea. Îmi place să le arăt oamenilor această clădire **uimitoare** și să le povestesc despre istoria ei. Întotdeauna îmi încep tururile vorbind despre faptul că palatul a fost construit în 1984, în timpul **dictaturii** lui Nicolae Ceaușescu. Construcția a durat peste trei ani, fiind folosite materiale din toată România. Peste 1.000 de muncitori au fost angajați pentru a lucra la proiect 24 de ore pe zi, șapte zile pe săptămână! Produsul **finit** este cu adevărat impresionant, măsurând 270 de metri lungime, 135 de metri lățime, 86 de metri înălțime și 12 etaje, cu peste 3100 de camere repartizate pe 330 de mii de **metri** pătrați.

Nu e de mirare că este considerată una dintre cele **mai mari clădiri** administrative din Europa! Și știați că, din cauza dimensiunii (și a greutății) sale, dacă ați lua tot betonul folosit la construcție și l-ați așeza pe o

Palais du Parlement

Le Palais du Parlement est l'un des **bâtiments** les plus emblématiques de Bucarest. Il a été construit pendant l'ère communiste et est un symbole de cette époque. Le bâtiment est massif et comporte de nombreuses pièces et salles différentes. Il est également très orné, avec des détails complexes à l'extérieur et à l'intérieur. Je suis guide touristique au palais, et j'adore mon travail. J'aime faire visiter cet **étonnant** bâtiment aux gens et leur raconter son histoire. Je commence toujours mes visites en racontant comment le palais a été construit en 1984, sous la **dictature** de Nicolae Ceaușescu. La construction a duré plus de trois ans, avec des matériaux provenant de toute la Roumanie. Plus de 1 000 ouvriers ont été employés pour travailler sur le projet 24 heures sur 24, sept jours sur sept ! Le produit **fini** est vraiment impressionnant, il mesure 270 mètres de long, 135 mètres de large, 86 mètres de haut, et s'élève sur 12 étages, avec plus de 3100 chambres réparties sur 330 000 **mètres** carrés.

Il n'est donc pas étonnant qu'il soit considéré comme l'un des **plus grands bâtiments** administratifs d'Europe ! Et saviez-vous qu'en raison de sa taille (et de son poids), si vous deviez prendre tout le béton utilisé

suprafață mai mare decât cea a Vaticanului? Este greu de crezut, dar adevărat! După ce împărtășesc câteva fapte amuzante despre palat, îmi duc apoi oaspeții într-un tur al **interiorului**. Începem într-una dintre numeroasele săli, care sunt toate decorate diferit. Unele au candelabre atârnate de **tavan, în** timp ce altele au picturi complicate pe pereți. Indiferent de sala în care ne aflăm, însă, toată lumea este întotdeauna uimită de cât de grandios arată totul.

Apoi trecem la una dintre părțile mele preferate din turneu: apartamentul personal al lui Ceaușescu. Aici a lucrat și a avut întâlniri cu alți oficiali. Este format din mai multe camere diferite, inclusiv o sală mare de conferințe, biroul său privat , și chiar un dormitor! Toate aceste încăperi sunt **mobilate cu** lux de amănunte și ne oferă o privire asupra modului în care trăia Ceaușescu . După ce am văzut vechile birouri ale lui Ceaușescu, ne îndreptăm spre acoperiș pentru o priveliște incredibilă a Bucureștiului. De aici de sus, se poate vedea kilometri întregi în toate direcțiile! Într-o zi senină, puteți vedea chiar până la Muntele Ceahlau, cel mai înalt vârf **montan** din România. În timp ce stăm acolo admirând priveliștea, le spun oaspeților mei că acesta este doar un exemplu de ce cred că Palatul Parlamentului este un loc atât de **uimitor.**

dans la construction et le poser à plat, il couvrirait une surface plus grande que la Cité du Vatican ? C'est difficile à croire, mais c'est vrai ! Après avoir partagé quelques faits amusants sur le palais, je fais visiter l'**intérieur à** mes invités. Nous commençons par l'une des nombreuses salles, qui sont toutes décorées différemment. Certains ont des lustres suspendus au **plafond**, tandis que d'autres ont des peintures complexes sur les murs. Mais quelle que soit la salle dans laquelle nous nous trouvons, tout le monde est toujours étonné de voir à quel point tout est grandiose.

Nous passons ensuite à l'une de mes parties préférées de la visite : le **bureau** personnel de Ceaușescu. C'est ici qu'il travaillait et tenait des réunions avec d'autres officiels. Elle se compose de plusieurs pièces différentes, dont une grande salle de conférence, son bureau privé et même une chambre à coucher ! Toutes ces pièces sont somptueusement **meublées** et nous donnent un aperçu du mode de vie de Ceaușescu. Après avoir vu les anciens bureaux de Ceaușescu, nous montons sur le toit pour une vue incroyable de Bucarest. De là-haut, on peut voir à des kilomètres dans toutes les directions ! Par temps clair, on peut même voir jusqu'au mont Ceahlau, le plus haut sommet de Roumanie. Alors que nous sommes là à admirer la vue, je dis à mes invités que ce n'est qu'un exemple des raisons pour lesquelles je pense que le Palais du Parlement est un endroit si **extraordinaire**.

Întrebări de înțelegere

1. Ce este Palatul Parlamentului?

2. Care este simbolul Palatului Parlamentului?

3. Câte camere și săli are Palatul Parlamentului?

4. Cum arată exteriorul și interiorul Palatului Parlamentului?

5. Când a fost construit Palatul Parlamentului?

6. Cine a construit Palatul Parlamentului?

7. Cât timp a durat construcția Palatului Parlamentului?

8. Care este dimensiunea Palatului Parlamentului?

9. Care este apartamentul personal de birouri al lui Ceaușescu?

10. Care este priveliștea de pe acoperișul Palatului Parlamentului?

Questions de compréhension

1. Qu'est-ce que le Palais du Parlement ?

2. De quoi le Palais du Parlement est-il le symbole ?

3. Combien de pièces et de salles le Palais du Parlement compte-t-il ?

4. À quoi ressemblent l'extérieur et l'intérieur du Palais du Parlement ?

5. Quand le Palais du Parlement a-t-il été construit ?

6. Qui a construit le Palais du Parlement ?

7. Combien de temps a-t-il fallu pour construire le Palais du Parlement ?

8. Quelle est la taille du Palais du Parlement ?

9. Quelle est la suite bureautique personnelle de Ceaușescu ?

10. Quelle est la vue depuis le toit du Palais du Parlement ?

George Enescu

George Enescu s-a născut în micul sat Liveni, România, la 19 august 1881. Părinții săi erau țărani săraci. George Enescu s-a născut în micul sat Liveni, România, la 19 august 1881. Părinții săi erau țărani săraci care nu și-au permis să-l trimită la **școală**. Când avea doar patru ani, tatăl său a murit, iar mama sa a rămas să îl crească singură. Când George avea șapte ani, a auzit un bărbat cântând la vioară pe stradă și a fost imediat captivat de sunet. Și-a implorat **mama** să îi cumpere o vioară, iar aceasta a cedat în cele din urmă, chiar dacă a trebuit să își vândă singura vacă pentru a o plăti. Din acea zi, muzica a devenit viața lui George. A exersat ore întregi în fiecare zi și a devenit rapid foarte priceput la acest **instrument**. La vârsta de 16 ani, George a decis să plece de acasă și să încerce să-și câștige existența ca muzician în București, capitala României. Nu a fost ușor la început, dar în cele din urmă și-a găsit de lucru cântând în cafenele și **restaurante din** oraș.

Oamenii au început să îi remarce talentul și, în curând, a început să primească oferte pentru concerte mai bune, inclusiv petreceri private pentru familii bogate și chiar câteva **spectacole** cu orchestre. Până la împlinirea vârstei de 21 de ani, George s-a impus ca

George Enescu

George Enescu est né dans le petit village de Liveni, en Roumanie, le 19 août 1881. Ses parents étaient des paysans pauvres. George Enescu est né dans le petit village de Liveni, en Roumanie, le 19 août 1881. Ses parents étaient des paysans pauvres qui n'avaient pas les moyens de l'envoyer à l'**école**. Alors qu'il n'avait que quatre ans, son père est mort et sa mère a dû l'élever seule. À l'âge de sept ans, George entend un homme jouer du violon dans la rue et est immédiatement captivé par ce son. Il supplie sa **mère** de lui acheter un violon, et elle finit par céder, même si elle doit vendre sa seule vache pour le payer. À partir de ce jour, la musique devient la vie de George. Il s'exerce pendant des heures chaque jour et devient rapidement très doué pour cet **instrument**. À l'âge de seize ans, George décide de quitter la maison et d'essayer de gagner sa vie en tant que musicien à Bucarest, la capitale de la Roumanie. Ce n'est pas facile au début, mais il finit par trouver du travail en jouant dans les cafés et les **restaurants** de la ville.

Les gens ont commencé à remarquer son talent, et bientôt il a commencé à recevoir des offres pour de meilleurs concerts, y compris des fêtes privées pour des familles riches et même quelques **performances**

unul dintre cei mai populari muzicieni din București.
În 1902, Enescu a întâlnit-o pe prințesa Marie
Cantacuzene în timp ce cânta la una dintre **dineurile**
soțului ei; aceasta avea să devină mai târziu o
importantă patroană a carierei sale. În anul următor ,și-
a făcut debutul ca solist la Filarmonica din Viena, ceea
ce l-a lansat în faima **internațională.** În următoarele
câteva decenii, Enescu a efectuat numeroase turnee
în toată Europa, atât ca solist, cât și ca dirijor. În 1923
,s-a întors în România unde a predat muzică la diferite
instituții, inclusiv la Conservatorul din București, care îi
poartă astăzi numele.

Deși cunoscut mai ales ca muzician, Enescu a
fost și un compozitor talentat, ale cărui lucrări s-au
inspirat din muzica populară românească. A scris
mai multe opere, printre care Oedipe (1936) și dipe
sur la route (1941-42), care sunt considerate printre
cele mai bune realizări ale sale. Niciuna dintre ele
nu a fost interpretată în timpul **vieții** sale din cauza
totalitarismului noului regim comunist din România
de după cel de-al Doilea Război Mondial, când toată
muzica clasică occidentală a fost interzisă la interpretări
sau difuzări publice. Abia după moartea lui Enescu,
în 1955, aceste opere au putut fi ascultate din nou de
publicul din țara lor natală.

avec des orchestres. À l'âge de vingt et un ans, George s'était établi comme l'un des musiciens les plus populaires de Bucarest. En 1902, Enescu rencontre la princesse Marie Cantacuzene alors qu'il se produit à l'un des **dîners de** son mari ; elle deviendra plus tard un important mécène pour sa carrière. L'année suivante, il fait ses débuts en tant que soliste avec l'Orchestre philharmonique de Vienne, ce qui le propulse vers une renommée **internationale**. Au cours des décennies suivantes, Enescu a effectué de nombreuses tournées dans toute l'Europe, tant en tant que soliste que chef d'orchestre. En 1923, il est rentré en Roumanie où il a enseigné la musique dans diverses **institutions**, dont le Conservatoire de Bucarest, qui porte aujourd'hui son nom.

Bien qu'il soit surtout connu comme musicien, Enescu était également un compositeur de talent dont les œuvres s'**inspiraient** de la musique folklorique roumaine. Il a écrit plusieurs opéras, dont Oedipe (1936) et dipe sur la route (1941-42), qui sont considérés comme ses meilleures réalisations. Aucun de ces opéras n'a été joué de son **vivant en raison du** totalitarisme du nouveau régime communiste de la Roumanie de l'après-guerre, qui interdisait toute représentation ou diffusion publique de musique classique occidentale. Ce n'est qu'après la mort d'Enescu en 1955 que ces opéras ont pu être entendus à nouveau par le public de leur pays d'origine.

Întrebări de înțelegere

1. Unde s-a născut George Enescu?

2. Cu ce se ocupau părinții lui George Enescu?

3. Când a murit tatăl lui George Enescu?

4. Cum a auzit George Enescu pentru prima dată vioara?

5. Ce a fost nevoită să vândă mama lui George Enescu pentru a-i cumpăra o vioară?

6. Unde a plecat George Enescu când avea 16 ani?

7. Ce a făcut George Enescu când a ajuns la București?

8. Cine a devenit o importantă patroană a carierei lui George Enescu?

9. Ce a făcut George Enescu în 1923?

10. De ce nu au fost reprezentate operele lui Enescu în timpul vieții sale?

Questions de compréhension

1. Où est né George Enescu ?

2. Que faisaient les parents de George Enescu dans la vie ?

3. Quand le père de George Enescu est-il mort ?

4. Comment George Enescu a-t-il entendu le violon pour la première fois ?

5. Qu'est-ce que la mère de George Enescu a dû vendre pour pouvoir lui acheter un violon ?

6. Où est allé George Enescu quand il avait seize ans ?

7. Qu'a fait George Enescu quand il est arrivé à Bucarest ?

8. Qui est devenu un important mécène de la carrière de George Enescu ?

9. Qu'a fait George Enescu en 1923 ?

10. Pourquoi les opéras d'Enescu n'ont-ils pas été joués de son vivant ?

La plajă

După răsăritul soarelui, valurile sunt mai puternice,
iar nisipul de deasupra mareei este alb. Mă duc pe
plajă, **admirând** marea și soarele. Degetele mele de la
picioare simt canelurile scoicilor. Nisipul este rece pe
degetele mele de la picioare. Zâmbesc și continui să
merg. Mareea este mare, așa că trebuie să fiu atentă să
nu fiu trasă în apă. Mă plimb pe malul apei, admirând
marea. Răsăritul de soare este **frumos,** iar valurile se
sparg. Mă simt atât de liniștită. Ajung la un loc unde
se află o stâncă. Mă așez și privesc valurile. Apa este
atât de albastră, iar cerul este atât de **portocaliu**. Mă
simt de parcă aș fi într-un vis. Închid ochii și doar ascult
valurile. Am stat acolo mult timp, până când am auzit pe
cineva strigându-mi numele.

Deschid ochii și o văd pe mama venind spre mine.
Avea o privire îngrijorată pe față. Eu zâmbesc și îi fac
cu mâna, iar ea se **relaxează**. "Mă întrebam unde te-
ai dus", spune ea. "Mă bucur că te bucuri de plajă". Îi
răspund: "Chiar mă bucur". "Este atât de frumos aici".
"Știu", spune ea. "Obișnuiam să vin aici tot timpul când
eram de vârsta ta." "Serios?" întreb. "Da", îmi răspunde
ea. "E un loc special." "Ai întâlnit vreodată pe cineva
special aici?" Am întrebat. "Am întâlnit", răspunde
ea cu un zâmbet. "Pe tatăl tău." "Serios?" Spun,

A la plage

Après le lever du soleil, les vagues sont plus fortes et le sable au-dessus de la marée est blanc. Je marche jusqu'à la plage, **admirant** la mer et le soleil. Mes orteils sentent les rainures des coquillages. Le sable est froid sur mes orteils. Je souris et je continue. La marée est haute, alors je dois faire attention à ne pas me laisser entraîner. Je marche le long du bord de l'eau, en admirant la mer. Le lever du soleil est **magnifique**, et les vagues s'écrasent. Je me sens si paisible. J'arrive à un endroit où il y a un affleurement rocheux. Je m'assieds et je regarde les vagues. L'eau est si bleue et le ciel est si **orange**. J'ai l'impression d'être dans un rêve. Je ferme les yeux et je me contente d'écouter les vagues. Je suis restée assise pendant un long moment, jusqu'à ce que j'entende quelqu'un m'appeler.

J'ouvre les yeux et je vois ma mère marcher vers moi. Elle a un air inquiet sur le visage. Je souris et je lui fais signe, et elle **se détend**. "Je me demandais où tu étais allée", dit-elle. "Je suis contente que tu profites de la plage." Je réponds : "J'en profite." "C'est tellement beau ici." "Je sais", dit-elle. "Je venais ici tout le temps quand j'avais ton âge." "Vraiment ?" Je demande. "Ouais", répond-elle. "C'est un endroit spécial." "As-tu déjà rencontré quelqu'un de spécial ici ?" Je demande. "Oui",

surprinsă. "Da", spune ea. "Obișnuiam să venim aici tot timpul împreună. Aici ne-am îndrăgostit. " Zâmbesc, **imaginându-mi** părinții mei îndrăgostiți pe această plajă frumoasă. "Este un loc special", repetă ea. "Mă bucur că ai venit aici astăzi".

Mai stăm acolo o vreme, **privind** valurile și apusul. Apoi ne ridicăm și ne întoarcem la prosoapele noastre de plajă. Mă întind și mă uit la stele. Mă simt atât de fericită și mulțumită. Valurile sunt mai puternice acum, iar nisipul este rece. Soarele apune și bate o briză răcoroasă. Valurile se izbesc de țărm, iar în aer se simte mirosul de sare. Este o seară perfectă pentru a fi la plajă. Mă plimb de-a lungul țărmului, **ascultând** sunetul valurilor și privind apusul. Văd un grup de oameni care stau pe nisip, râzând și glumind. Se pare că se distrează de minune. Mă apropii de ei și îi întreb dacă pot să mă alătur lor. Ei spun da, și ne petrecem restul serii vorbind, râzând și privind **apusul de soare**. Este o seară perfectă. Eu și grupul vorbim până la apusul soarelui. Împărtășim povești și glume și ne simțim foarte bine. Pe măsură ce noaptea începe să cadă, începem cu toții să ne simțim obosiți. Ne sărutăm **de rămas bun** și ne despărțim. Mă întorc la hotel, fericit și mulțumit. Nu-mi vine să cred cât de frumos este aici. Sunt atât de norocoasă că am **trăit** această **experiență.**

répond-elle avec un sourire. "Ton père." "Vraiment ?" Je dis, **surpris**. "Oui," dit-elle. "Nous avions l'habitude de venir ici tout le temps ensemble. C'est là que nous sommes tombés amoureux. " Je souris, **imaginant** mes parents tombant amoureux sur cette magnifique plage. " C'est un endroit spécial ", répète-t-elle. "Je suis contente que tu sois venu ici aujourd'hui."

Nous restons assis là un moment de plus, à **regarder** les vagues et le coucher de soleil. Puis nous nous levons et retournons à nos serviettes de plage. Je m'allonge et regarde les étoiles. Je me sens si heureuse et satisfaite. Les vagues sont plus fortes maintenant, et le sable est froid. Le soleil se couche et une brise fraîche souffle. Les vagues s'écrasent sur le rivage et l'odeur du sel flotte dans l'air. C'est une soirée parfaite pour être à la plage. Je me promène le long du rivage, en **écoutant le** bruit des vagues et en regardant le coucher du soleil. Je vois un groupe de personnes assises sur le sable, qui rient et plaisantent. Ils ont l'air de passer un bon moment. Je m'approche d'eux et leur demande si je peux les rejoindre. Ils acceptent et nous passons le reste de la soirée à parler, à rire et à regarder le **coucher de soleil**. C'est une soirée parfaite. Le groupe et moi parlons jusqu'au coucher du soleil. Nous partageons des histoires et des blagues, et nous passons tous un bon moment. À la tombée de la nuit, nous commençons tous à nous sentir fatigués. Nous nous embrassons et nous nous séparons.

Întrebări de înțelegere

1. Unde se duce naratoarea după ce se trezește?

2. Ce admiră naratoarea în timp ce se plimbă pe plajă?

3. La ce trebuie să fie atentă naratoarea în timp ce se plimbă pe plajă?

4. Unde se așează naratorul pentru a se bucura de priveliște?

5. Cât timp stă naratorul acolo?

6. Pe cine vede naratoarea când deschide din nou ochii?

7. Ce spune mama naratorului?

8. Despre ce vorbesc naratoarea și oamenii pe care îi întâlnește?

Questions de compréhension

1. Où va la narratrice après son réveil ?

2. Qu'est-ce que la narratrice admire en marchant le long de la plage ?

3. De quoi la narratrice doit-elle se méfier lorsqu'elle marche le long de la plage ?

4. Où le narrateur s'assoit-il pour profiter de la vue ?

5. Combien de temps le narrateur reste-t-il assis là ?

6. Qui la narratrice voit-elle lorsqu'elle ouvre à nouveau les yeux ?

7. Que dit la mère du narrateur ?

8. De quoi parlent la narratrice et les personnes qu'elle rencontre ?

Camping la lac

Mă îndrept spre lac, **admirând** liniștea scenei. Soarele bate în jos pe micul lac, făcând ca apa să pară o foaie de sticlă. Singura mișcare este unda ocazională produsă de un pește care **sparge** suprafața. Chiar și păsările par să ia o pauză de la căldură, doar sunetul cicadelor umplând aerul. **Dintr-o dată,** liniștea este spartă de un izbit puternic. Un **pește** mare a sărit din apă, încercând să prindă o libelulă. Peștele își ratează ținta și cade înapoi în apă cu un strop. "Uau", mă gândesc în sinea mea, "ăsta a fost un pește mare!". M-am uitat în jur să văd dacă l-a mai văzut cineva, dar nu era nimeni prin preajmă. Cred că va trebui să le spun când mă întorc în tabără.

Căldura este **opresivă,** făcând dificilă respirația. Aerul este gros și greu, ca o pătură înfășurată în jurul tău. Singura ușurare este în apă. Este răcoroasă și revigorantă, ca o băutură rece într-o zi fierbinte. Respir adânc și mă scufund în apă. Ușurarea este imediată, în timp ce apa rece mă înconjoară. Înot până la fund și apoi mă întorc la suprafață, simțind cum apa îmi răcorește corpul. Continui să **înot** ture, bucurându-mă de răgazul de la căldură. După un timp, ies din apă și mă întind pe iarbă, lăsând soarele să-mi usuce corpul. Închid ochii și adorm, iar sunetul **cicadelor** mă adoarme

Camping au lac

Je me dirige vers le lac, **admirant** la tranquillité de la scène. Le soleil tape sur le petit lac, faisant ressembler l'eau à une feuille de verre. Le seul mouvement est l'ondulation occasionnelle d'un poisson **brisant la** surface. Même les oiseaux semblent prendre une pause de la chaleur, avec seulement le son des cigales remplissant l'air. **Soudain**, la paix est rompue par un grand plouf. Un gros **poisson** a sauté hors de l'eau, essayant d'attraper une libellule. Le poisson rate sa cible et retombe dans l'eau avec un plouf. "Wow," je me dis, "c'était un gros poisson !". J'ai regardé autour de moi pour voir si quelqu'un d'autre l'avait vu, mais il n'y avait personne. Je suppose que je devrai leur dire quand je rentrerai au camp.

La chaleur est **oppressante**, il est difficile de respirer. L'air est épais et lourd, comme une couverture qui vous enveloppe. Le seul soulagement est dans l'eau. Elle est fraîche et rafraîchissante, comme une boisson fraîche par une journée chaude. Je prends une profonde inspiration et je plonge dans l'eau. Le soulagement est immédiat car l'eau fraîche m'entoure. Je nage jusqu'au fond, puis remonte à la surface, sentant l'eau refroidir mon corps. Je continue à **faire** des longueurs, appréciant le répit de la chaleur. Après un moment,

adânc. Las soarele să-mi coacă apa de pe piele. Simt cum mi se înroșește pielea, dar nu-mi pasă. Mi-e prea cald ca să-mi pese.Următorul lucru pe care îl știu este că soarele apune. Cerul este de un portocaliu frumos, cu dungi de roz și violet. Căldura a dispărut, fiind înlocuită de o **briză** răcoroasă.

Mă ridic și îmi pun hainele la loc, simțindu-mă revigorată și întinerită. **Inspir** adânc aerul rece și zâmbesc. Mă simt bine să fiu în viață. Mă întorc spre tabără, admirând felul în care culorile dansează pe cer. Văd focul de tabără arzând în depărtare și simt mirosul de fum în aer. Zâmbesc și îmi **accelerez** pasul. Sunt gata să mă relaxez și să mă bucur de restul serii. Intru în tabără și văd că toată lumea este adunată în jurul focului. **Râd** și glumesc, iar eu pot vedea focul reflectându-se în ochii lor. Zâmbesc și mă așez lângă prietenii mei. E bine să mă întorc. În dimineața următoare, mă trezesc devreme și încep să-mi împachetez lucrurile. Sunt nerăbdător să mă întorc pe traseu și să-mi continui călătoria. Îmi iau rămas bun de la prietenii mei și încep să plec. În timp ce merg, arunc o ultimă privire la **locul de campare**. Văd focul care încă arde în depărtare și simt mirosul de fum în aer. Zâmbesc și îmi accelerez pasul. Sunt gata să-mi continui **călătoria**.

je sors de l'eau et je m'allonge sur l'herbe, laissant le soleil sécher mon corps. Je ferme les yeux et m'endors, le son des **cigales** me berce dans un profond sommeil. Je laisse le soleil faire sortir l'eau de ma peau. Je sens que ma peau devient rouge, mais je m'en moque. J'ai trop chaud pour m'en soucier. La prochaine chose que je sais, c'est que le soleil se couche. Le ciel est d'un bel orange, avec des traces de rose et de violet. La chaleur a disparu, remplacée par une **brise** fraîche.

Je me lève et me rhabille, me sentant rafraîchie et rajeunie. Je **respire** profondément l'air frais et je souris. C'est bon d'être en vie. Je retourne au camping, en admirant la façon dont les couleurs dansent dans le ciel. Je peux voir le feu de camp qui brûle au loin et je peux sentir la fumée dans l'air. Je souris et j'**accélère le** pas. Je suis prête à me détendre et à profiter du reste de ma soirée. J'entre dans le camping et je vois que tout le monde est rassemblé autour du feu. Ils **rient** et plaisantent, et je peux voir le feu se refléter dans leurs yeux. Je souris et m'assieds à côté de mes amis. C'est bon d'être de retour. Le lendemain matin, je me réveille tôt et je commence à préparer mes affaires. J'ai hâte de retourner sur le sentier et de poursuivre mon voyage. Je dis au revoir à mes amis et commence à m'éloigner. En marchant, je jette un dernier regard sur le **camping**. Je peux voir le feu qui brûle toujours au loin et je peux sentir la fumée dans l'air. Je souris et j'accélère le pas. Je suis prêt à poursuivre mon **voyage**.

Întrebări de înțelegere

1. Unde se îndreaptă mersul?

2. Ce fel de vreme este?

3. Cum arată apa?

4. Cum reacționează mersul pe jos la căldură?

5. Ce face peștele?

6. De ce este plimbărețul singur?

7. Cum se simte apa?

8. Cum se simte mersul după înot?

9. La ce oră din zi este când se trezește mersul?

10. Unde se duce plimbărețul când părăsește tabăra?

Questions de compréhension

1. Où va le marcheur ?

2. Quel temps fait-il ?

3. À quoi ressemble l'eau ?

4. Comment le marcheur réagit-il à la chaleur ?

5. Que fait le poisson ?

6. Pourquoi le marcheur est-il seul ?

7. Quelle est la sensation de l'eau ?

8. Comment le marcheur se sent-il après avoir nagé ?

9. A quelle heure de la journée le déambulateur se réveille-t-il ?

10. Où va le marcheur quand il quitte le camp ?

Casa

M-am mutat în noua mea casă săptămâna trecută și sunt atât de **încântată**! Este mult mai mare decât cea veche și are o curte mare. Abia aștept să-mi invit prietenii la grătare și la petreceri. Partea mea **preferată** este noul meu dormitor. Este atât de mare și luminos și am mult spațiu pentru a-mi pune toate lucrurile. Sunt foarte mulțumită de noua mea casă și cred că voi fi foarte fericită aici. Am decis să mai explorez puțin casa. Am urcat la etajul al doilea și am început să mă îndrept spre bucătărie, când am văzut un păianjen mare și negru pe perete! Am țipat și am fugit la parter. Eram atât de **speriată**! Dar, după câteva minute, m-am liniștit și am decis să mă întorc la etaj. M-am îndreptat încet spre bucătărie și am văzut că păianjenul dispăruse. Am fost atât de ușurată! M-am întors jos și am decis să ies afară pentru a explora **curtea din spate**. Era atât de mare! Nu-mi venea să cred. Am văzut un leagăn în colț și un tobogan. Am văzut, de asemenea, o plasă de baschet și o **trambulină**. Eram atât de încântată!

Abia aștept să folosesc toate aceste lucruri noi. **Vecinii** au venit și s-au prezentat. Păreau foarte drăguți și am stat de vorbă o vreme. M-au invitat la grătarul lor de weekendul viitor, iar eu am spus că mi-ar face plăcere să vin. Am avut o primă săptămână minunată în noua mea casă și sunt încântată de toate noile aventuri care mă așteaptă. Astăzi, voi merge din nou să explorez

La Maison

J'ai emménagé dans ma nouvelle maison la semaine dernière, et je suis si **excitée** ! Elle est tellement plus grande que l'ancienne, et elle a un grand jardin. J'ai hâte d'inviter des amis pour des barbecues et des fêtes. Ce que je **préfère,** c'est ma nouvelle chambre. Elle est si grande et lumineuse, et j'ai beaucoup d'espace pour mettre toutes mes affaires. Je suis très contente de ma nouvelle maison et je pense que je serai très heureuse ici. J'ai décidé d'explorer un peu plus la maison. Je suis monté au deuxième étage et j'ai commencé à me diriger vers la cuisine quand j'ai vu une grosse araignée noire sur le mur ! J'ai crié et j'ai couru en bas. J'avais tellement **peur** ! Mais après quelques minutes, je me suis calmée et j'ai décidé de retourner à l'étage. J'ai lentement fait mon chemin vers la cuisine et j'ai vu que l'araignée était partie. J'étais tellement soulagée ! Je suis redescendu et j'ai décidé de sortir pour explorer le **jardin**. Elle était si grosse ! Je n'arrivais pas à y croire. J'ai vu une balançoire dans le coin et un toboggan. J'ai aussi vu un filet de basket et un **trampoline**. J'étais tellement excitée!

J'ai hâte d'utiliser tous ces nouveaux trucs. Les **voisins** sont venus et se sont présentés. Ils avaient l'air très gentils, et nous avons parlé un moment. Ils m'ont invité à leur barbecue le week-end prochain, et j'ai dit que j'aimerais beaucoup venir. J'ai passé une excellente

în curtea din spate și să văd ce mai pot găsi. Cine știe, poate voi găsi chiar și o **comoară**. Abia aștept să văd ce ne aduce săptămâna viitoare! Săptămâna următoare, am mers din nou să explorez în curtea din spate și am găsit o grădină **secretă.** Era atât de frumoasă! Erau flori peste tot și un mic iaz cu pești în el. Am văzut, de asemenea, un leagăn pe care nu-l mai văzusem până atunci. Am fost atât de încântată să găsesc această grădină secretă și abia aștept să o explorez mai mult. A fost atât de **frumoasă**!

Erau flori peste tot și un mic iaz cu pești în el. Am văzut, de asemenea, un **leagăn pe care** nu-l mai văzusem până atunci. Am fost atât de încântată să găsesc această grădină secretă și abia aștept să o explorez mai mult. Mi-a plăcut și noua mea cameră. Era atât de mare și luminoasă, iar pe pereți erau deja postere cu formațiile mele preferate. Nici măcar nu a trebuit să-mi aduc **mobilă** proprie, pentru că aici existau deja un pat, o comodă și un birou. Acesta va fi cel mai bun an din toate timpurile! Am fost puțin emoționată că încep la o **școală** nouă, dar toți noii mei vecini au fost foarte prietenoși. Am întâlnit chiar și o fată care locuiește alături și a spus că va merge cu mine la școală în prima mea zi.

première semaine dans ma nouvelle maison et j'ai hâte de vivre toutes les nouvelles aventures qui m'attendent. Aujourd'hui, je vais encore aller explorer le jardin et voir ce que je peux trouver d'autre. Qui sait, peut-être vais-je même trouver un **trésor**. J'ai hâte de voir ce que la semaine prochaine nous réserve ! La semaine suivante, je suis retourné explorer le jardin et j'ai trouvé un jardin **secret**. C'était tellement beau ! Il y avait des fleurs partout et un petit étang avec des poissons dedans. J'ai aussi vu une balançoire que je n'avais jamais vue auparavant. J'étais si excitée de trouver ce jardin secret, et j'ai hâte de l'explorer davantage. C'était tellement **beau** !

Il y avait des fleurs partout et un petit étang avec des poissons dedans. J'ai aussi vu une **balançoire** que je n'avais jamais vue auparavant. J'étais si excitée de trouver ce jardin secret, et j'ai hâte de l'explorer davantage. J'ai aussi adoré ma nouvelle chambre. Elle était si grande et lumineuse, et il y avait déjà des posters de mes groupes préférés sur les murs. Je n'ai même pas eu besoin d'apporter mes propres **meubles** car il y avait déjà un lit, une commode et un bureau. Ça va être la meilleure année de ma vie ! J'étais un peu nerveux à l'idée de commencer dans une nouvelle **école**, mais tous mes nouveaux voisins ont été si gentils. J'ai même rencontré une fille qui habite à côté et elle m'a dit qu'elle m'accompagnerait à l'école le premier jour.

Întrebări de înțelegere

1. Unde locuiește persoana în cauză?

2. Cum se simte persoana în noua casă?

3. Care este partea preferată a persoanei în cauză din noua casă?

4. Ce a găsit această persoană în grădină?

5. Cine sunt vecinii?

6. Cum s-au simțit primele zile ale persoanei în noua casă?

7. Care este partea preferată a persoanei din noua cameră?

8. Ce plănuiește persoana să facă mâine?

9. Care a fost cea mai bună parte a primei săptămâni a persoanei în noua casă?

10. Ce este totul în noua cameră a persoanei?

Questions de compréhension

1. Où vit la personne ?

2. Comment la personne se sent-elle dans sa nouvelle maison ?

3. Quelle est la partie de la nouvelle maison que la personne préfère ?

4. Qu'est-ce que la personne a trouvé dans le jardin ?

5. Qui sont les voisins ?

6. Comment se sont passés les premiers jours de la personne dans sa nouvelle maison ?

7. Quelle est la partie de la nouvelle pièce que la personne préfère ?

8. Qu'est-ce que la personne prévoit de faire demain ?

9. Quelle a été la meilleure partie de la première semaine de la personne dans sa nouvelle maison ?

10. Qu'y a-t-il dans la nouvelle chambre de la personne ?

În tren

Am fugit la gară, dar am ajuns prea târziu. Trenul plecase deja fără mine. M-am simțit atât de **furioasă** și **dezamăgită** de mine însămi. Plănuisem să iau trenul pentru a-mi vizita bunicii care locuiesc la țară, dar acum trebuia să aștept o oră întreagă până la următorul tren. În schimb, am decis să mă plimb puțin prin oraș și am încercat să uit de ocazia ratată. În timp ce mă plimbam, am început să **visez cu ochii deschiși** la toate locurile în care te pot duce **trenurile.** Dintr-o dată, nu am mai fost atât de supărat. Mă întorc în gară și nu mă pot abține să nu observ locomotiva mare, roșie, albă și albastră care se îndrepta spre mine. Abia când îl văd pe **conductor** făcându-mi cu mâna de la fereastră, îmi dau seama că acest tren este pentru mine. Mă urc în tren și îmi găsesc un loc, așezându-mă pentru ceea ce se anunță a fi o călătorie lungă.

În timp ce ieșim din gară, nu pot să nu mă întreb unde mă va duce acest tren. Prin **câmpuri** verzi și peste râuri albastre, pe lângă munți și văi, nu se știe unde va ajunge acest tren vechi. Pe măsură ce noaptea începe să cadă, mă las purtat de un somn **liniștit**, legănat de mișcarea **ritmică** a vagoanelor pe șinele de jos. Când vine din nou dimineața, deschid ochii și descopăr că am ajuns într-un orășel undeva în mijlocul pustietății.

Dans le train

J'ai couru jusqu'à la gare, mais c'était trop tard. Le train était déjà parti sans moi. Je me suis sentie tellement **en colère** et **déçue** de moi-même. J'avais prévu de prendre le train pour rendre visite à mes grands-parents qui vivent à la campagne, mais maintenant je devais attendre le prochain train pendant une heure entière. J'ai décidé de me promener un peu dans la ville à la place et j'ai essayé d'oublier cette occasion manquée. En marchant, j'ai commencé à **rêver à** tous les endroits où le **train** peut vous emmener. Soudain, je n'étais plus aussi contrariée. Je suis retourné dans la gare et je n'ai pu m'empêcher de remarquer la grande locomotive rouge, blanche et bleue qui se dirigeait vers moi. Ce n'est que lorsque je vois le **conducteur** me faire signe par la fenêtre que je réalise que ce train est pour moi. Je monte dans le train et trouve mon siège, m'installant pour ce qui promet d'être un long voyage.

Alors que nous sortons de la gare, je ne peux m'empêcher de me demander où ce train va m'emmener. À travers des **champs** verts et des rivières bleues, en passant par des montagnes et des vallées, on ne sait pas où ce vieux train va aller. À la tombée de la nuit, je m'endors **paisiblement**, bercé par le mouvement **rythmique** des wagons sur les rails en contrebas. Quand le matin revient, j'ouvre les yeux

Soarele abia se întrezărește la orizont în timp ce localnicii încep să se agite pe strada principală; arată ca orice altă zi aici, cu excepția unui singur lucru - lângă primărie este afișat un panou mare pe care scrie "Bine ați venit la bord!". Se pare că acest orășel ne aștepta, chiar dacă suntem doar un tren de **pasageri** obișnuit care trece pe aici în drum spre altă parte. În timp ce lăsăm din nou orașul în urma noastră, mergând cu viteză spre cine știe ce destinație viitoare, zâmbesc la toate fețele prietenoase care ne fac cu mâna din acele căsuțe cuibărite printre **terenuri agricole -** este cu adevărat uimitor cum ceva atât de aparent obișnuit poate aduce atât de multă bucurie prin simpla noastră trecere. Și apoi, bineînțeles, mai sunt și **copiii.**

Mă aplec pe fereastra locomotivei mele. Întotdeauna mă fac să mă simt atât de fericit cu ochii lor strălucitori și cu zâmbetele lor mari. Le-am făcut cu mâna energic înainte de a mă întoarce în **cabina** mea și de a lua loc. A fost deja o zi lungă, dar încă nu s-a terminat; mai sunt câteva ore până când vom ajunge la **destinația** noastră finală. Îmi scot cartea și încep să citesc, lăsând legănarea ritmică a trenului să mă adoarmă într-o stare de liniște.

pour constater que nous sommes arrivés dans une petite ville quelque part au milieu de nulle part. Le soleil pointe à peine à l'horizon et les habitants commencent à s'agiter dans la rue principale ; c'est un jour comme les autres ici, à l'exception d'une chose : il y a un grand panneau près de l'hôtel de ville qui dit "Bienvenue à bord". Il semble que cette petite ville nous attendait, même si nous ne sommes qu'un train de **voyageurs** ordinaire qui passe par là pour aller ailleurs. Alors que nous laissons la ville derrière nous une fois de plus, en direction d'on ne sait où, je souris à tous les visages amicaux qui nous saluent depuis ces petites maisons nichées au milieu des **terres agricoles - c**'est vraiment étonnant de voir comment quelque chose d'apparemment si ordinaire peut apporter tant de joie simplement en passant par là. Et puis, bien sûr, il y a les **enfants**.

Je me penche par la fenêtre de ma locomotive. Ils me rendent toujours si heureux avec leurs yeux brillants et leurs grands sourires. Je leur fais un signe de la main énergique avant de retourner dans ma **cabine** et de m'asseoir. La journée a déjà été longue, mais elle n'est pas encore terminée ; il reste encore quelques heures avant d'atteindre notre **destination** finale. Je sors mon livre et commence à lire, laissant le balancement rythmique du train me bercer dans un état paisible.

Întrebări de înțelegere

1. Unde se îndreaptă trenul?

2. Cine călătorește în tren?

3. Când pleacă trenul?

4. Cum ajunge protagonistul în tren?

5. De unde vine trenul?

6. Unde merge trenul în continuare?

7. Când au sosit pasagerii?

8. Cum se simte protagonistul când pierde trenul?

9. Cum reacționează mecanicul de tren când îl vede pe protagonist?

10. De ce îi plac trenurile protagonistului?

Questions de compréhension

1. Où va le train ?

2. Qui voyage dans le train ?

3. Quand le train part-il ?

4. Comment le protagoniste monte-t-il dans le train ?

5. D'où vient le train ?

6. Où le train va-t-il ensuite ?

7. Quand les passagers sont-ils arrivés ?

8. Que ressent le protagoniste lorsqu'il rate le train ?

9. Comment le conducteur du train réagit-il lorsqu'il voit le protagoniste ?

10. Pourquoi le protagoniste aime-t-il les trains ?

Gătitul cinei

Este ora 17.00 și mă întorc acasă de la serviciu. Aștept cu **nerăbdare** să am o seară liniștită acasă cu partenerul meu. Vom găti cina împreună și apoi ne vom relaxa pentru restul nopții. Mă simt bine să știu că nu am planuri sau obligații în această **seară**. Ajung acasă și partenerul meu este deja în bucătărie, începând să pregătească cina noastră. Miroase **extraordinar** aici! Stăm de vorbă în timp ce gătim, punându-ne la curent cu zilele celuilalt și împărtășind mici povești din viața noastră profesională. Bucătăria este camera mea preferată din apartamentul nostru. Îmi place să gătesc și, mai ales, îmi place să gătesc cu partenerul meu. Întotdeauna ne simțim atât de bine aici, râzând și glumind în timp ce gătim ca o furtună. În plus, mâncarea este întotdeauna **incredibilă atunci când** lucrăm **împreună**.

În această seară, pregătim una dintre rețetele mele preferate din toate timpurile: **pui cu** parmezan. Partenerul meu începe prin a împăna puiul, în timp ce eu pun sosul la fiert pe **aragaz**. Lucrăm împreună ca o mașină bine unsă și, în scurt timp, cina este gata de servit. Ne așezăm la mica noastră masă din bucătărie cu **farfurii** pline cu pui parmezan, paste și salată. Ciocnim paharele și luăm prima îmbucătură - și

Cuisiner le dîner

Il est 17 heures et je rentre à pied du travail. J'ai **hâte** de passer une soirée tranquille à la maison avec mon partenaire. Nous allons préparer le dîner ensemble et nous détendre pour le reste de la nuit. C'est agréable de savoir que je n'ai aucun projet ni aucune obligation ce **soir**. J'arrive à la maison et mon partenaire est déjà dans la cuisine, en train de préparer notre dîner. Ça sent **très bon** ici ! Nous bavardons tout en cuisinant, prenant des nouvelles de nos journées respectives et partageant des petites histoires de nos vies professionnelles. La cuisine est ma pièce préférée dans notre appartement. J'adore cuisiner, et j'aime particulièrement cuisiner avec mon partenaire. Nous passons toujours un bon moment ici, à rire et à plaisanter pendant que nous cuisinons. De plus, la nourriture est toujours **incroyable** lorsque nous travaillons **ensemble**.

Ce soir, nous faisons l'une de mes recettes préférées : le **poulet au** parmesan. Mon partenaire commence par paner le poulet pendant que je fais mijoter la sauce sur la **cuisinière**. Nous travaillons ensemble comme une machine bien huilée, et en peu de temps, le dîner est prêt à être servi. Nous nous asseyons à notre petite table de cuisine avec des **assiettes** remplies de poulet

este **divin**! Puiul este crocant la exterior, dar suculent în interior; sosul este savuros și perfect; pastele sunt gătite al dente... totul are un gust absolut perfect în seara asta. Amândoi știm că aceasta a fost una dintre acele nopți în care totul s-a potrivit perfect, în timp ce **savurăm** până la ultima îmbucătură din delicioasa noastră masă. A avut un gust chiar mai bun decât mirosea - ceea ce a fost al naibii de bun! Ne terminăm masa relativ repede, deoarece niciunul dintre noi nu este deosebit de înfometat astăzi, dar nu ne grăbim să savurăm încă câteva **pahare de** vin în timp ce discutăm ușor despre asta și despre celălalt subiect. După cină, facem curățenie rapid împreună și apoi ne mutăm în sufragerie, unde ne petrecem ceva timp **îmbrățișându-ne** pe canapea în timp ce ne uităm la televizor.

Este atât de plăcut să fim aproape unul de celălalt după o zi lungă de **lucru**. Mă simt mulțumită. Chiar dacă nu am avut o seară plină de evenimente, a fost plăcut să petrecem puțin timp împreună fără să fim nevoiți să ieșim din casă. Ne-am uitat la un film și ne-am culcat devreme, simțindu-ne **mulțumiți** de noaptea noastră simplă. Acesta a devenit unul dintre lucrurile noastre **preferate de** făcut în serile în care nu vrem să ieșim în oraș - doar să ne relaxăm acasă și să ne bucurăm de compania celuilalt la o masă gătită în casă.

au parmesan, de pâtes et de salade. Nous faisons tinter les verres et prenons notre première bouchée - et c'est **divin** ! Le poulet est croustillant à l'extérieur mais juteux à l'intérieur ; la sauce est savoureuse et parfaite ; les pâtes sont cuites al dente... tout a un goût absolument parfait ce soir. Nous savons tous les deux que c'était l'une de ces nuits où tout s'est parfaitement réuni alors que nous **savourons** chaque bouchée de notre délicieux repas. Le goût était encore meilleur que l'odeur, qui était sacrément bonne ! Nous terminons notre repas assez rapidement car aucun de nous n'a particulièrement faim aujourd'hui, mais nous prenons notre temps en dégustant quelques **verres** de vin supplémentaires tout en discutant légèrement de tel ou tel sujet. Après le dîner, nous nettoyons rapidement ensemble et passons au salon, où nous passons un moment à **nous câliner** sur le canapé en regardant la télévision.

C'est tellement agréable d'être près l'un de l'autre après une longue journée de **travail** séparé. Je me sens satisfaite. Même si la soirée n'a pas été très animée, c'était agréable de passer du temps ensemble sans avoir à quitter la maison. Nous avons regardé un film et nous nous sommes couchés tôt, **satisfaits** de notre simple soirée. C'est devenu l'une de nos activités **préférées** les soirs où nous n'avons pas envie de sortir - se détendre à la maison et profiter de la compagnie de l'autre autour d'un repas fait maison.

Întrebări de înțelegere

1. De unde vine naratorul?

2. Ce face naratorul după serviciu?

3. Ce mănâncă naratorul la cină?

4. De ce îi place naratorului bucătăria?

5. Ce fel de mâncare gătește cuplul?

6. Cum se simte naratorul la sfârșitul serii?

7. Care este lucrul preferat al cuplului pentru a face?

8. Ce face cuplul atunci când obosește?

9. Unde dorm ei?

10. De ce îi place naratorului să stea acasă?

Questions de compréhension

1. D'où vient le narrateur ?

2. Que fait le narrateur après le travail ?

3. Que mange le narrateur pour le dîner ?

4. Pourquoi le narrateur aime-t-il la cuisine ?

5. Quel genre de plat le couple cuisine-t-il ?

6. Que ressent le narrateur à la fin de la soirée ?

7. Quelle est l'activité préférée du couple ?

8. Que fait le couple quand il est fatigué ?

9. Où dorment-ils ?

10. Pourquoi le narrateur aime-t-il rester à la maison ?

Mergând acasă

Era o noapte **liniştită în** timp ce mă întorceam
acasă de la serviciu. În timp ce mergeam, nu m-am
putut abține să nu zâmbesc la amintiri. Mă simțeam
bine să mă întorc în vechiul meu cartier. Am salutat
câteva persoane pe care le cunoșteam, iar ele mi-au
răspuns cu mâna. Era bine să fiu acasă. Am trecut
pe lângă vechea mea școală și mi-am **amintit de**
toate momentele frumoase pe care le-am petrecut cu
prietenii mei. Întotdeauna mergeam acasă împreună
și vorbeam despre ziua noastră. **Uneori ne** opream să
luăm înghețată sau mergeam în parc. Acelea erau cele
mai frumoase momente. Mi-e dor de acele vremuri. Dar
acum am propria mea familie și sunt fericită cu viața
mea. Mă bucur că pot să mă uit înapoi la acele amintiri
și să zâmbesc. Sunt o parte din viața mea pe care o voi
prețui mereu. Acelea au fost cele mai frumoase vremuri.
Îmi lipsesc acele vremuri. Dar acum am propria mea
familie și sunt fericită cu viața mea. Mă bucur că pot să
mă uit înapoi la acele **amintiri** și să zâmbesc. Sunt o
parte din viața mea pe care o voi prețui mereu.

Continui să merg, gândindu-mă la momentele frumoase
pe care le-am petrecut cu prietenii mei. Știu că îi voi
revedea în curând. Mă îndrept spre casa mea și decid
să mă plimb printr-un parc din apropiere. Soarele

Walking Home

C'était une nuit **paisible** alors que je rentrais du travail. En marchant, je ne pouvais m'empêcher de sourire aux souvenirs. C'était bon d'être de retour dans mon ancien quartier. J'ai salué quelques personnes que je connaissais, et elles m'ont salué en retour. C'était bon d'être chez soi. Je suis passé devant mon ancienne école et je **me suis souvenu de** tous les bons moments que j'ai passés avec mes amis. On rentrait toujours ensemble à la maison et on parlait de notre journée. **Parfois,** on s'arrêtait pour acheter une glace ou aller au parc. C'était les meilleurs moments. Ces moments me manquent. Mais maintenant, j'ai ma propre famille et je suis heureuse de ma vie. Je suis heureux de pouvoir repenser à ces souvenirs et de sourire. Ils font partie de ma vie et je les chérirai toujours. C'était les meilleurs moments. Ils me manquent. Mais maintenant, j'ai ma propre famille et je suis heureux de ma vie. Je suis heureux de pouvoir repenser à ces **souvenirs** et de sourire. Ils font partie de ma vie et je les chérirai toujours.

Je continue à marcher, en pensant aux bons moments que j'ai passés avec mes amis. Je sais que je les reverrai bientôt. Je me dirige vers ma maison et décide de me promener dans un parc à proximité. Le soleil se

apune, iar cerul capătă o **frumoasă** culoare portocalie. Parcul este pustiu, cu excepția câtorva păsări care ciripesc în copaci. **Respir** adânc și zâmbesc. În timp ce mă plimb prin parc, văd o stea căzătoare care străbate cerul. Mi-am pus o dorință pentru acea stea și am continuat să merg. Mă gândesc la ziua mea de la serviciu și la cât de **liniștită** a fost. Zâmbesc în sinea mea, gândindu-mă la cât de norocoasă sunt că am o slujbă atât de bună. Merg spre casă, **simțind** aerul rece al nopții pe pielea mea. Mă simt atât de vie și fericită, bucurându-mă doar de simplul act de a merge acasă într-o noapte liniștită.

M-am simțit atât de bine, încât am început să **fluier**. Am trecut pe lângă câțiva oameni pe stradă, dar toți își vedeau de treaba lor.

Am cotit colțul străzii mele și am văzut pisica vecinului meu, domnul Mustăcios, stând pe verandă. L-am salutat, iar el mi-a răspuns cu un mieunat. Am **descuiat** ușa și am intrat înăuntru. Eram atât de fericită că eram acasă. M-am descălțat și m-am pregătit de culcare. M-am dus la culcare în acea noapte, fericită și recunoscătoare, cu inima plină de dragoste. Am dormit liniștită toată noaptea, fără să-mi fac griji pentru nimic. M-am trezit dintr-un somn odihnitor și am fost **întâmpinat** de soarele care strălucea pe fereastra mea. M-am dat jos din pat și m-am întins, respirând adânc și simțind cum aerul rece îmi umple plămânii.

couche et le ciel prend une **belle** couleur orange. Le parc est vide, à l'exception de quelques oiseaux qui gazouillent dans les arbres. Je prends une profonde **inspiration** et je souris. Alors que je marche dans le parc, je vois une étoile filante traverser le ciel. J'ai fait un vœu sur cette étoile et j'ai continué à marcher. Je pense à ma journée de travail et au **calme qui** y régnait. Je souris à moi-même, en pensant à la chance que j'ai d'avoir un si bon travail. Je rentre chez moi, en **sentant** l'air frais de la nuit sur ma peau. Je me sens si vivante et heureuse, profitant du simple fait de rentrer chez moi par une nuit paisible. Je me sentais si bien que j'ai commencé à **siffler**. Je suis passé devant quelques personnes dans la rue, mais elles s'occupaient toutes de leurs affaires.

J'ai tourné le coin de ma rue et j'ai vu le chat de mon voisin, M. Whiskers, assis sur mon porche. Je lui ai dit bonjour et il miaulait en retour. J'ai **déverrouillé** ma porte et je suis entrée. J'étais si heureuse d'être chez moi. J'ai enlevé mes chaussures et me suis préparée pour aller me coucher. Je me suis couchée ce soir-là, heureuse et reconnaissante, le cœur plein d'amour. J'ai dormi profondément toute la nuit, sans me soucier de rien. Je me suis réveillée d'un sommeil réparateur et j'ai été **accueillie** par le soleil qui brillait à travers ma fenêtre. Je suis sorti du lit et me suis étiré, prenant une profonde inspiration et sentant l'air frais remplir mes poumons.

Întrebări de înțelegere

1. Ce făcea protagonistul când a început povestea?

2. La ce se gândea protagonistul când mergea spre casă?

3. Ce obișnuia protagonistul să facă cu prietenii după școală?

4. Ce îi lipsește protagonistului din acele vremuri?

5. Ce crede protagonistul despre viața sa actuală?

6. Ce face protagonistul atunci când vede o stea căzătoare?

7. Cum se simte protagonistul atunci când se îndreaptă spre casă?

8. Ce face protagonistul când ajunge acasă?

9. Cum se simte protagonistul când se trezește a doua zi dimineața?

10. Ce face protagonistul a doua zi?

Questions de compréhension

1. Que faisait le protagoniste au début de l'histoire ?

2. À quoi le protagoniste a-t-il pensé en rentrant chez lui ?

3. Qu'est-ce que le protagoniste avait l'habitude de faire avec ses amis après l'école ?

4. Qu'est-ce que le protagoniste regrette de cette époque ?

5. Que pense le protagoniste de sa vie actuelle ?

6. Que fait le protagoniste lorsqu'il voit une étoile filante ?

7. Que ressent le protagoniste lorsqu'il rentre à pied chez lui ?

8. Que fait le protagoniste lorsqu'il rentre chez lui ?

9. Que ressent le protagoniste lorsqu'il se réveille le lendemain matin ?

10. Que fait le protagoniste le lendemain ?

Castelul

Familia își dorise dintotdeauna să viziteze un castel vechi din **Germania și, în cele din** urmă, au făcut această călătorie. Nu au fost **dezamăgiți**. Castelul era frumos, iar ei s-au bucurat să îi exploreze numeroasele camere și coridoare. Primul lucru care i-a lovit a fost mirosul. Au găsit **mucegai**, umezeală și altceva pe care nu au putut pune degetul pe el. Al doilea lucru a fost sunetul. Pereții de piatră sunt groși, dar nu amortizează complet sunetul. Au auzit fiecare pas, fiecare cuvânt rostit cu voce normală și, ocazional, picuratul apei **undeva** în depărtare. Pe măsură ce ochii li s-au adaptat la lumina slabă, au văzut ziduri masive de piatră care se profilează în jurul lor, tapiserii atârnând de ele în zdrențe. Se aflau într-o sală imensă, cu un tavan înalt susținut de stâlpi sculptați. De asemenea, le-a plăcut priveliștea de la turnulețe, iar copiii s-au distrat de minune alergând pe teren. **Soarele** începuse să apună în momentul în care au terminat de explorat castelul și au regretat că nu au adus o **lanternă**. S-au hotărât să se întoarcă la intrare, dar s-au rătăcit curând. Au rătăcit ceea ce li s-a părut a fi ore întregi, până când, în cele din urmă, au dat peste o ușă care ducea afară. Au continuat până când au **ajuns la** capătul holului și au ajuns la un set impunător de uși duble. Oricât au încercat, ușile nu se mișcau. Zăngăneau **amenințător,**

Le château

La famille avait toujours voulu visiter un vieux château en **Allemagne**, et elle a finalement fait le voyage. Ils n'ont pas été **déçus**. Le château était magnifique, et ils ont pris plaisir à explorer ses nombreuses pièces et couloirs. La première chose qui les frappe est l'odeur. Ils ont trouvé de la **moisissure**, de l'humidité et quelque chose d'autre qu'ils n'ont pas réussi à identifier. La deuxième chose a été le son. Les murs de pierre sont épais, mais ils n'étouffent pas complètement le son. Ils ont entendu chaque pas, chaque mot prononcé d'une voix normale, et le goutte-à-goutte occasionnel de l'eau **quelque part** au loin. Lorsque leurs yeux se sont adaptés à la faible lumière, ils ont vu des murs de pierre massifs se dresser tout autour d'eux, des tapisseries en **lambeaux y étant** suspendues. Ils se tenaient dans un immense hall avec un haut plafond soutenu par des piliers sculptés. Ils ont également aimé les vues depuis les tourelles, et les enfants ont eu beaucoup de plaisir à courir dans le parc. Le **soleil** avait commencé à se coucher lorsqu'ils ont fini d'explorer le château, et ils ont regretté de ne pas avoir apporté de **lampe de poche**. Ils ont décidé de retourner à l'entrée, mais ils se sont vite perdus. Ils errent pendant des heures, jusqu'à ce qu'ils trouvent enfin une porte qui mène à l'extérieur. Ils ont continué jusqu'à ce qu'ils **atteignent le** bout du

dar nu se mișcau nici măcar un centimetru. Se părea că cel care fusese aici înainte trebuie să fi trecut pe aici și să le fi încuiat din interior. În cele din urmă, găsiră o cale de ieșire. Ușurarea îi cuprinse în timp ce ieșeau în aerul răcoros al nopții.

Soarele începuse să apună, iar ei au **regretat** că nu și-au adus o lanternă. S-au hotărât să se întoarcă la intrare, dar s-au rătăcit repede. Au rătăcit ceea ce li s-a părut a fi ore întregi, până când, în cele din urmă, au dat peste o ușă care ducea **afară**. S-au simțit ușurați când au ieșit în aerul răcoros al nopții. În seara următoare, au avut grijă să ia o lanternă cu ei în timp ce explorau restul castelului. Au mers prin **curte** și au coborât până la râul care curgea în spatele zidurilor **castelului.** În timp ce se plimbau, au început să audă zgomote ciudate. Părea că cineva îi urmărea. Și-au accelerat pasul, dar zgomotele deveneau mai puternice și mai apropiate. Familia a fugit înapoi la castel cât de repede a putut și au fost ușurați să vadă că personajul cu mantie **întunecată** nu i-a urmărit.

couloir et arrivent à une imposante série de doubles
portes. Ils ont beau essayer, les portes ne bougent pas.
Elles cliquettent **sinistrement** mais ne bougent pas
d'un pouce. On dirait que celui qui était ici avant a dû
passer par là et les verrouiller de l'intérieur. Finalement,
ils ont trouvé un moyen de sortir. Le soulagement les
envahit alors qu'ils sortent dans l'air frais de la nuit.

Le soleil avait commencé à se coucher, et ils
regrettaient de ne pas avoir apporté de lampe de
poche. Ils ont décidé de retourner à l'entrée, mais ils
se sont vite perdus. Ils ont erré pendant ce qui leur a
semblé être des heures, jusqu'à ce qu'ils trouvent enfin
une porte qui menait à **l'extérieur**. Le soulagement
les a envahis alors qu'ils sortaient dans l'air frais de la
nuit. Le lendemain soir, ils ont pris soin d'emporter une
lampe de poche pour explorer le reste du château. Ils
ont traversé la **cour** et sont descendus jusqu'à la rivière
qui coulait derrière les murs du **château**. Alors qu'ils se
promenaient, ils ont commencé à entendre des bruits
étranges. On aurait dit que quelqu'un les suivait. Ils
accélèrent le pas, mais les bruits deviennent plus forts
et plus proches. Les membres de la famille courent
vers le château aussi vite qu'ils le peuvent, et ils sont
soulagés de voir que la silhouette au manteau **sombre**
ne les a pas suivis.

Întrebări de înțelegere

1. Ce a făcut familia când s-a pierdut în castel?

2. Ce a simțit familia când a aflat că era vorba doar de un localnic?

3. Ce a făcut bărbatul de a fost arestat?

4. Care a fost sentința pentru acest om?

5. Ce zgomot a auzit familia în timp ce se plimba?

6. Unde se afla personajul în mantie întunecată când l-a văzut familia?

7. Ce a făcut familia când s-a întors în camera lor?

8. Când a mers familia să exploreze din nou castelul?

9. Care era lucrul pe care familia nu-l putea identifica?

10. Ce a făcut familia înainte de a merge din nou să exploreze castelul?

Questions de compréhension

1. Qu'a fait la famille lorsqu'elle s'est perdue dans le château ?

2. Comment la famille s'est-elle sentie quand elle a découvert que c'était juste un homme du coin ?

3. Qu'a fait l'homme qui a été arrêté ?

4. Quelle a été la sentence pour cet homme ?

5. Quel bruit la famille a-t-elle entendu pendant qu'elle marchait ?

6. Où était le personnage au manteau sombre quand la famille l'a vu ?

7. Qu'a fait la famille en rentrant dans sa chambre ?

8. Quand la famille est-elle repartie explorer le château ?

9. Quelle était la chose sur laquelle la famille n'arrivait pas à mettre le doigt ?

10. Qu'a fait la famille avant de retourner explorer le château ?

Grădina mea

Grădina mea este locul meu fericit. Mă duc acolo în fiecare zi, fie că plouă, fie că e soare, și îmi petrec timpul îngrijindu-mi plantele. Am câte puțin din **toate** - **legume**, fructe, flori, ierburi aromatice. Am chiar și câteva găini care mă ajută să țin la distanță dăunătorii. Îmi încep zilele în grădină culegând ouă de la găini. Apoi îmi verific legumele, asigurându-mă că primesc suficientă apă și soare. Curăț paturile de buruieni și culeg orice gândac care ar putea **ataca** plantele. După ce **totul** este rezolvat, mă așez și mă bucur de pacea și liniștea naturii.

Întotdeauna mi-a plăcut să-mi petrec timpul în grădină. Este ceva în a fi înconjurat de natură și de toată **frumusețea pe care o** oferă. Consider că este un loc foarte liniștit și liniștitor. Deseori îmi petrec timp în grădina mea doar relaxându-mă și bucurându-mă de peisaj. De asemenea, îmi place să lucrez în grădină și să cultiv lucruri. Am o grădină destul de mare și îmi place să cultiv o varietate de lucruri **diferite** în ea. Cultiv flori, **legume** și ierburi aromatice. De asemenea, am câțiva pomi fructiferi care produc mere, pere și prune delicioase. Pe lângă cultivarea de plante, îmi place să petrec timpul plimbându-mă prin grădină, **admirând** diferitele plante și animale care o locuiesc. Am petrecut

Mon jardin

Mon jardin est mon coin de paradis. J'y vais tous les jours, qu'il pleuve ou qu'il vente, et je passe du temps à m'occuper de mes plantes. J'ai un peu de **tout** : **légumes**, fruits, fleurs, herbes. J'ai même quelques poules qui m'aident à tenir les parasites à distance. Je commence mes journées dans le jardin en ramassant les œufs des poules. Puis je vérifie que mes légumes reçoivent suffisamment d'eau et de soleil. Je désherbe les plates-bandes et j'élimine les insectes qui pourraient **attaquer** les plantes. Une fois que **tout est** fait, je m'assois et je profite de la paix et du calme de la nature.

J'ai toujours aimé passer du temps dans mon jardin. Il y a quelque chose dans le fait d'être entouré par la nature et toute la **beauté qu**'elle a à offrir. Je trouve que c'est un endroit très paisible et apaisant. Je passe souvent du temps dans mon jardin à me détendre et à profiter du paysage. J'aime aussi travailler dans mon jardin et faire pousser des choses. J'ai un jardin d'assez bonne taille et j'aime y faire pousser toutes **sortes** de choses. Je fais pousser des fleurs, des **légumes** et des herbes aromatiques. J'ai aussi quelques arbres fruitiers qui produisent de délicieuses pommes, poires et prunes. En plus de faire pousser des choses, j'aime aussi passer du temps à me promener dans mon jardin,

multe ore de-a lungul anilor lucrând la transformarea **grădinii** mele într-un loc care să fie nu doar frumos, ci și funcțional. Îmi place să privesc păsările cum zburdă și să le ascult cum cântă. Uneori chiar scot o carte și citesc în grădină, înconjurată de toată frumusețea pe care am creat-o. **Grădinăritul** este pasiunea mea și îmi aduce atât de multă bucurie. Fiecare zi în grădina mea este o zi bună.

Unul dintre lucrurile pe care îmi place să le fac este să gătesc, așa că este foarte **important pentru** mine să am o grădină de plante aromatice bine aprovizionată. Cimbrul, busuiocul, oregano, rozmarinul, salvia și lavanda sunt doar câteva dintre plantele aromatice pe care îmi place să le cultiv în grădină, astfel încât să le pot folosi atunci când gătesc pentru mine sau pentru **oaspeți**. Un alt lucru care este important pentru mine când vine vorba de grădina mea este să mă asigur că există multă culoare în toată grădina. Pentru a atinge acest obiectiv, cultiv o mare varietate de flori, inclusiv **trandafiri**, crini, margarete, lalele, impatiens, gălbenele etc. Pe lângă adăugarea de culoare cu ajutorul florilor, îmi place să adaug interes prin utilizarea diferitelor **texturi în** întreaga grădină. De exemplu, aș putea planta ferigi sub floarea-soarelui sau hostas **alături de** ierburi ornamentale cu țepi. Indiferent ce se întâmplă în viață, lucrul în grădină **reușește** întotdeauna să mă ajute să mă simt mai conectată la natură și mai împăcată cu mine însămi.

à **admirer** toutes les plantes et tous les animaux qui y vivent. J'ai passé de nombreuses heures au fil des ans à faire de mon **jardin** un endroit non seulement beau mais aussi fonctionnel. J'aime regarder les oiseaux voltiger et les écouter chanter. Parfois, je sors même un livre et je lis dans le jardin, entourée de toute la beauté que j'ai créée. Le **jardinage** est ma passion et il m'apporte tant de joie. Chaque jour dans mon jardin est un bon jour.

L'une des choses que j'aime faire, c'est cuisiner. Il est donc très **important pour moi d'**avoir un jardin d'herbes aromatiques bien garni. Le thym, le basilic, l'origan, le romarin, la sauge et la lavande sont quelques-unes des herbes que j'aime faire pousser dans mon jardin pour pouvoir les utiliser lorsque je prépare des repas pour moi ou pour mes **invités**. Une autre chose qui est importante pour moi quand il s'agit de mon jardin, c'est de m'assurer qu'il y a beaucoup de couleurs dans tout le jardin. Pour atteindre cet objectif, je cultive une grande variété de fleurs, notamment des **roses**, des lys, des marguerites, des tulipes, des impatiens, des soucis, etc. En plus d'ajouter de la couleur avec les fleurs, j'aime aussi ajouter de l'intérêt en utilisant différentes **textures** dans le jardin. Par exemple, je peux planter des fougères sous des tournesols imposants ou des hostas à **côté de** graminées ornementales hérissées.

Întrebări de înțelegere

1. Unde se află grădina autorului?

2. Câte găini are autorul?

3. Ce face autorul în grădină în fiecare zi?

4. De ce îi place autorului grădina?

5. Ce plante aromatice plantează autorul în grădină?

6. De ce este important pentru autor faptul că în grădina sa există multe culori?

7. Cum aduce autorul varietate în grădina sa?

8. Cum se simte autorul când lucrează în grădina sa?

9. Ce îl face pe autor să se simtă conectat atunci când se află în grădina sa?

10. De ce fiecare zi în grădina autorului este o zi bună?

Questions de compréhension

1. Où se trouve le jardin de l'auteur ?

2. Combien de poulets l'auteur possède-t-il ?

3. Que fait l'auteur dans le jardin tous les jours ?

4. Pourquoi l'auteur aime-t-il le jardin ?

5. Quelles herbes l'auteur plante-t-il dans le jardin ?

6. Pourquoi est-il important pour l'auteur qu'il y ait beaucoup de couleurs dans son jardin ?

7. Comment l'auteur apporte-t-il de la variété à son jardin?

8. Que ressent l'auteur lorsqu'il travaille dans son jardin?

9. Qu'est-ce qui fait que l'auteur se sent connecté quand il est dans son jardin ?

10. Pourquoi chaque jour dans le jardin de l'auteur est-il un bon jour ?

Mergând la cumpărături

Îmi place să merg la **cumpărături** în mall. Este întotdeauna atât de distractiv să te plimbi și să te uiți la toate magazinele diferite. Există câte ceva pentru toată lumea în mall și este întotdeauna un loc minunat pentru a găsi oferte la haine, pantofi și accesorii. De **obicei**, îmi încep excursia de cumpărături mergând prin **intrarea** principală a mall-ului. De acolo, mă îndrept mai întâi spre magazinele mele preferate. După ce mă uit prin acele magazine, mă plimb și văd dacă sunt reduceri în alte locuri. De obicei, sfârșesc prin a petrece câteva ore în mall înainte de a-mi face în cele din urmă cumpărăturile. Întotdeauna îmi place să nu mă grăbesc atunci când fac cumpărături, **deoarece** vreau să mă asigur că iau **exact** ceea ce îmi doresc. În plus, e mai distractiv așa!

Întotdeauna mi se pare atât de **fascinant** să privesc oamenii în timp ce sunt la mall. Poți spune multe despre o persoană după felul în care își face cumpărăturile. Unii oameni sunt foarte metodici și nu se grăbesc, în timp ce alții par să ia **tot ce** pot și se îndreaptă spre casă cât mai repede posibil. Există, de asemenea, acei cumpărători care par mai interesați să vorbească la telefonul mobil sau să trimită mesaje text decât să se uite efectiv la marfă! Indiferent de ce fel de

Faire du shopping

J'adore aller **faire du shopping** au centre commercial. C'est toujours très amusant de se promener et de regarder tous les différents magasins. Il y en a pour tous les goûts au centre commercial et c'est toujours l'endroit idéal pour faire des affaires sur les vêtements, les chaussures et les accessoires. Je commence **généralement** mon shopping en passant par l'**entrée** principale du centre commercial. De là, je me dirige d'abord vers mes magasins préférés. Après avoir fait le tour de ces magasins, je me promène pour voir s'il y a des soldes dans d'autres endroits. Je finis généralement par passer quelques heures dans le centre commercial avant de faire mes achats. J'aime toujours prendre mon temps lorsque je fais du shopping, **car** je veux être sûre d'obtenir **exactement** ce que je veux. En plus, c'est plus amusant comme ça !

Je trouve toujours **fascinant** d'observer les gens quand je suis au centre commercial. On peut vraiment en apprendre beaucoup sur une personne par sa façon de faire ses courses. Certaines personnes sont très méthodiques et prennent leur temps, tandis que d'autres semblent prendre **tout ce qu'**elles peuvent et se diriger vers la caisse aussi vite que possible. Il y a aussi les acheteurs qui semblent plus intéressés

cumpărător ești, totuși, toată lumea pare să se bucure de cumpărături din vitrine - chiar dacă nu cumperi nimic. Pur și simplu, privitul la toate lucrurile frumoase din **vitrinele** magazinelor este ceva care mă face fericită. Uneori îmi imaginez cum ar fi dacă mi-aș putea permite **tot ceea ce** văd! Una peste alta, să petrec o zi la cumpărături la mall este una dintre distracțiile mele preferate. Este o modalitate excelentă de a te relaxa și de a te destinde, făcând în același timp și puțină mișcare (dacă te plimbi suficient). În plus, este **întotdeauna** plăcut să te răsfeți cu o cămașă sau o pereche de pantofi noi din când în când!

Am avut o zi **lungă** la serviciu și, în sfârșit, am avut timp pentru mine, așa că am decis să merg la cumpărături la mall. Aveam nevoie de niște haine noi pentru sezonul **următor.** De îndată ce am intrat, am văzut toate luminile strălucitoare și vitrinele strălucitoare. M-am îndreptat mai întâi spre magazinul meu preferat și am început să răsfoiesc rafturile. Am găsit câteva topuri drăguțe și le-am probat în cabina de probă. În timp ce mă priveam în oglindă, am auzit pe cineva intrând în cabina de **probă de lângă a** mea. I-am recunoscut vocea ca fiind a unuia dintre colegii mei de muncă.

à parler au téléphone portable ou à envoyer des SMS qu'à regarder la marchandise ! Quel que soit le type d'acheteur, tout le monde semble apprécier le lèche-vitrine, même si vous n'achetez rien. Il y a quelque chose qui me rend heureuse dans le fait de regarder toutes ces jolies choses dans les **vitrines des magasins**. Parfois, je m'imagine comment ce serait si je pouvais m'offrir **tout ce que** je vois ! En fin de compte, passer une journée à faire du shopping au centre commercial est l'un de mes passe-temps favoris. C'est un excellent moyen de se détendre et de se relaxer tout en faisant un peu d'exercice (si vous marchez suffisamment). Et puis, c'est **toujours** agréable de s'offrir une nouvelle chemise ou une nouvelle paire de chaussures de temps en temps !

J'ai eu une **longue** journée de travail et j'ai enfin eu du temps pour moi, alors j'ai décidé d'aller faire du shopping au centre commercial. J'avais besoin de nouveaux vêtements pour la saison **à venir**. Dès que je suis entrée, j'ai vu toutes les lumières vives et les façades brillantes des magasins. Je me suis dirigée vers mon magasin préféré en premier et j'ai commencé à parcourir les rayons. J'ai trouvé quelques jolis hauts et les ai essayés dans la cabine d'essayage. Alors que je me regardais dans le miroir, j'ai entendu quelqu'un entrer dans la cabine d'**essayage** à côté de la mienne. J'ai reconnu sa voix comme étant celle d'un de mes collègues de travail.

Întrebări de înțelegere

1. Unde vă place să depozitați cel mai mult?

2. Care este magazinul tău preferat din mall?

3. Cât timp stați de obicei la mall?

4. Ce părere aveți despre oamenii care petrec mult timp la mall?

5. Care este lucrul pe care îl preferați să îl faceți la mall?

6. Ați cumpărat vreodată ceva la mall când nu aveați nevoie de acel lucru?

7. Cum reacționați când vedeți la mall ceva ce v-ar plăcea foarte mult, dar este prea scump?

8. Ați văzut vreodată ceva la mall și v-ați întrebat cine l-ar cumpăra?

9. Ce părere aveți despre oamenii care sunt ocupați cu telefoanele mobile în mall în loc să se uite la magazine?

Questions de compréhension

1. Où aimez-vous le plus stocker ?

2. Quel est votre magasin préféré dans le centre commercial ?

3. Combien de temps restez-vous habituellement au centre commercial ?

4. Que pensez-vous des personnes qui passent beaucoup de temps au centre commercial ?

5. Quelle est votre activité préférée au centre commercial ?

6. Avez-vous déjà acheté quelque chose au centre commercial alors que vous n'en aviez pas vraiment besoin ?

7. Comment réagissez-vous lorsque vous voyez au centre commercial un article que vous aimeriez vraiment, mais qui est trop cher ?

8. Avez-vous déjà vu quelque chose au centre commercial en vous demandant qui l'achèterait ?

9. Que pensez-vous des personnes qui sont occupées avec leur téléphone portable dans les centres commerciaux au lieu de regarder les magasins ?

La piață

Mă trezesc devreme sâmbătă dimineața, nerăbdător să ajung la **piață** înainte să fie prea aglomerată. Îmi arunc câteva haine pe mine și ies pe ușă, luându-mi pe drum pungile reutilizabile. În timp ce merg, încep să planific ce vreau să fac pentru săptămâna care urmează.
Știu că vreau să **prăjesc** legume cel puțin o dată, așa că va trebui să cumpăr legume de bună calitate. De asemenea, vreau să fac o supă sau o tocană, așa că va trebui să iau și niște carne. Va trebui să văd ce mi se pare bun când ajung acolo. Piața este la doar câteva străzi distanță și deja văd tarabele instalate și **oamenii care se** înghesuie.

Ajung la piață și mă îndrept direct spre standul de legume. Selecția este frumoasă, iar eu îmi umplu sacoșele cu o varietate de produse **proaspete.** Stau puțin de vorbă cu fermierul, iar acesta îmi recomandă câteva rețete. Sunt nerăbdătoare să le încerc. Stau de vorbă cu **fermierii în** timp ce fac cumpărăturile, ajungând să îi cunosc pe ei și produsele lor. După ce am toate legumele de care am nevoie, trec la raionul de carne. Aici sunt puțin mai ezitantă, deoarece nu sunt sigură de ce vreau să iau. În cele din urmă mă decid pentru pui, deoarece este versatil și poate fi folosit într-o varietate de feluri de mâncare. De asemenea, cumpăr

Au marché

Je me réveille tôt le samedi matin, impatiente de me rendre au **marché** avant qu'il ne soit trop fréquenté. Je m'habille et je sors, en prenant mes sacs réutilisables en chemin. En marchant, je commence à planifier ce que je veux faire pour la semaine à venir. Je sais que je veux faire **rôtir des** légumes au moins une fois, donc je vais devoir acheter des légumes de bonne qualité. Je veux aussi faire une soupe ou un ragoût, et je vais donc devoir acheter de la viande. Je verrai bien ce qui me semble bon quand je serai sur place. Le marché n'est qu'à quelques rues d'ici, et je vois déjà les étals installés et les **gens qui** s'agitent.

J'arrive au marché et me dirige directement vers le stand des légumes. La sélection est magnifique, et je remplis mes sacs d'une variété de produits **frais**. Je discute un peu avec le fermier et il me recommande quelques recettes. J'ai hâte de les essayer. Je discute avec les **agriculteurs** pendant que je fais mes courses, pour apprendre à les connaître et à connaître leurs produits. Après avoir acheté tous les légumes dont j'ai besoin, je passe à la section des viandes. Je suis un peu plus hésitante, car je ne suis pas sûre de ce que je veux acheter. J'opte finalement pour du poulet, car il est polyvalent et peut être utilisé dans de nombreux plats. J'achète également quelques morceaux de

câteva bucăți diferite de carne, asigurându-mă că iau carne de vită hrănită cu iarbă și **pui crescut în aer** liber. Măcelarul era un om prietenos, mereu vesel, în ciuda orelor lungi de lucru. Mi-a împachetat pieptul de pui și friptura înainte de a discuta cu mine despre planurile sale de weekend. Mi-am luat la revedere de la el și mi-am continuat drumul. Am luat și câteva ouă și brânză de la raionul de lactate.

Piața era plină de oameni, cu toții dornici să pună **mâna pe** produsele proaspete și pe carnea care erau oferite. Aerul era îmbibat cu miros de usturoi și ceapă, iar sunetul râsului și al conversațiilor umplea aerul. Mi-am făcut loc prin mulțime, alegând celelalte articole de care aveam nevoie pentru cumpărăturile săptămânale. Mi-am umplut **coșul** cu fructe și legume, paste și pâine, înainte de a mă îndrepta spre casă. Coada era lungă, dar se mișca repede. În cele din urmă, ultimele **cumpărături au fost** cumpărate și era timpul să plec acasă. Mașina a fost încărcată, iar drumul spre casă a fost lung și anevoios. Traficul era îngreunat, iar căldura era opresivă. În cele din urmă, mașina a intrat pe alee și ușurarea a fost palpabilă. Casa era răcoroasă și liniștită și era un refugiu după **agitația de la** piață. Totul a fost pus deoparte, iar casa a revenit în curând la liniștea obișnuită. Aveam tot ce-mi trebuia pentru a pregăti câteva mese **delicioase pentru** mine și pentru familia mea. Era bine să fiu acasă.

viande différents, en veillant à prendre du bœuf nourri à l'herbe et du **poulet** élevé en plein air. Le boucher est un homme sympathique, toujours de bonne humeur malgré ses longues heures de travail. Il a emballé mes blancs de poulet et mon steak avant de me parler de ses projets pour le week-end. Je lui ai dit au revoir et j'ai continué mon chemin. J'ai également acheté des œufs et du fromage au rayon produits laitiers.

Le marché grouille de gens, tous impatients de mettre la **main sur les** produits frais et la viande proposés. L'odeur de l'ail et des oignons flottait dans l'air, et le son des rires et des conversations était omniprésent. Je me suis frayé un chemin dans la foule, en choisissant les autres articles dont j'avais besoin pour mes courses de la semaine. J'ai rempli mon **panier** de fruits et légumes, de pâtes et de pain, avant de me diriger vers la caisse. La file d'attente est longue, mais elle avance rapidement. Enfin, j'ai acheté les dernières **provisions et il est** temps de rentrer à la maison. La voiture est chargée, et le chemin du retour est long et fastidieux. La circulation est dense et la chaleur est accablante. Enfin, la voiture se gare dans l'allée et le soulagement est palpable. La maison était fraîche et calme, et c'était un havre de paix après l'**agitation** du marché. Tout a été rangé, et la maison a rapidement retrouvé sa tranquillité habituelle. J'avais tout ce dont j'avais besoin pour préparer de **délicieux** repas pour moi et pour ma famille. C'était bon d'être chez soi.

Întrebări de înțelegere

1. Unde se duce persoana respectivă?

2. Ce dorește persoana să cumpere?

3. Câte pungi are persoana în cauză?

4. Cât de departe este piața?

5. Ce face persoana respectivă în acest moment?

6. Ce este totul pe piață?

7. Câte persoane sunt în piață?

8. Cât timp i-a luat persoanei să cumpere totul?

9. Cum s-a întors acasă persoana în cauză?

10. Ce a făcut persoana respectivă când a ajuns acasă?

Questions de compréhension

1. Où va la personne ?

2. Que veut acheter la personne ?

3. Combien de sacs la personne possède-t-elle ?

4. A quelle distance se trouve le marché ?

5. Que fait la personne en ce moment ?

6. Que se passe-t-il sur le marché ?

7. Combien y a-t-il de personnes sur le marché ?

8. Combien de temps a-t-il fallu à la personne pour tout acheter ?

9. Comment la personne est-elle rentrée chez elle ?

10. Qu'a fait la personne en rentrant chez elle ?

La o cafenea

Era o dimineață răcoroasă de **toamnă,** iar eu stabilisem să mă întâlnesc cu prietena mea Lily la cafeneaua noastră preferată pentru o cafea. M-am învelit cu haina și fularul și am pornit la drum. Frunzele cădeau din copaci și aerul avea un iz de înghe, dar soarele strălucea și promitea să fie o zi frumoasă. În timp ce mergeam, mă **gândeam** cât de bine era să am o prietenă ca Lily. Eram prietene de ani de zile, încă de când ne-am cunoscut la **universitate**. Ne-am legat prin dragostea noastră pentru cafea și prin faptul că ne petreceam timpul discutând în cafenele. Chiar dacă acum locuiam în părți diferite ale orașului, tot reușeam să ne întâlnim la o cafea o dată pe săptămână. Am ajuns la cafenea, iar Lily era deja acolo, așteptându-mă. Ne-am îmbrățișat pentru a ne saluta și apoi ne-am comandat cafelele. Am găsit o masă lângă fereastră și ne-am așezat să stăm de vorbă. **Cafeaua** a fost delicioasă, ca de obicei, și a fost atât de plăcut să mai vorbim cu Lily. Am vorbit despre săptămâna noastră, despre slujbele noastre și despre planurile noastre de viitor. Întotdeauna mi-a fost atât de ușor să vorbesc cu Lily și am simțit că pot să-i spun orice. După un timp, a început să ni se facă foame și am **decis** să comandăm ceva de mâncare.

Dans un café

C'était un matin d'**automne** frisquet, et j'avais donné rendez-vous à mon amie Lily dans notre café préféré pour prendre un café. Je me suis enveloppée chaudement dans mon manteau et mon écharpe et je suis partie. Les feuilles tombaient des arbres et l'air était glacial, mais le soleil brillait et la journée promettait d'être magnifique. Tout en marchant, j'ai **pensé** à quel point c'était bien d'avoir une amie comme Lily. Nous étions amies depuis des années, depuis notre rencontre à l'**université**. Nous nous sommes liées par notre amour du café et du temps passé à discuter dans les cafés. Même si nous vivions dans des quartiers différents de la ville, nous nous retrouvions pour prendre un café une fois par semaine. Je suis arrivé au café, et Lily était déjà là, à m'attendre. Nous nous sommes embrassées et avons commandé nos cafés. Nous avons trouvé une table près de la fenêtre et nous nous sommes installées pour discuter. Le **café** était délicieux, comme toujours, et c'était si agréable de rattraper le temps perdu avec Lily. Nous avons parlé de notre semaine, de nos emplois et de nos projets pour l'avenir. C'était toujours si facile de parler à Lily, et j'avais l'impression que je pouvais tout lui dire. Après un moment, nous avons commencé à avoir faim et **avons décidé** de commander de la nourriture.

Am **comandat** mâncarea și am găsit un loc lângă fereastră. Soarele strălucea prin fereastră, făcând ca totul să fie cald și vesel. Am stat de vorbă în timp ce ne mâncam mâncarea, bucurându-ne de plăcerea simplă de a fi în **compania** celuilalt. Cafeneaua era ocupată, dar nu părea aglomerată. În aer se simțea un sentiment de pace și mulțumire. După ce ne-am terminat mâncarea, am stat mai mult timp, bucurându-ne pur și simplu de **atmosfera** liniștită. Am vorbit o vreme despre diferite lucruri care se întâmplau în viețile noastre. A fost atât de plăcut să mă întâlnesc cu prietenul meu și să mă **relaxez**. Soarele strălucea prin fereastră și am simțit că **nimic nu** ne putea strica ziua noastră perfectă.

Dintr-o dată, am auzit un zgomot puternic. M-am întors și am văzut că un bărbat căzuse prin tavan și zăcea pe podea în fața noastră. Era **acoperit** de praf și resturi și părea inconștient. Eu și prietenul meu eram amândoi în stare de șoc în timp ce ne uitam la bărbatul întins pe podea. Nu știam ce să facem sau pe cine să chemăm după ajutor. Stăteam acolo și ne uitam fix la el, fără să știm ce să facem. După câteva minute, mi-am revenit și am sunat la 911. Operatoarea mi-a spus că cineva va ajunge acolo în curând. Am închis telefonul și i-am spus prietenului meu ce mi-a spus **operatorul.**

Nous avons **commandé notre** nourriture et trouvé un siège près de la fenêtre. Le soleil brillait à travers la fenêtre, rendant le tout chaleureux et joyeux. Nous avons bavardé en mangeant, appréciant le simple plaisir d'être en **compagnie de l'autre**. Le café était occupé, mais il n'y avait pas de foule. Il y avait un sentiment de paix et de satisfaction dans l'air. Après avoir terminé notre repas, nous sommes restés assis un moment de plus, profitant de l'**atmosphère** paisible. Nous avons parlé pendant un moment de différentes choses qui avaient eu lieu dans nos vies. C'était si agréable de rattraper le temps perdu avec mon ami et de **se détendre**. Le soleil brillait à travers la fenêtre, et c'était comme si **rien ne** pouvait gâcher notre journée parfaite.

Soudain, j'ai entendu un grand fracas. Je me suis retourné pour voir qu'un homme avait traversé le plafond et gisait sur le sol devant nous. Il était **couvert** de poussière et de débris et semblait être inconscient. Mon ami et moi étions tous deux sous le choc en regardant l'homme allongé sur le sol. Nous ne savions pas quoi faire ni qui appeler à l'aide. Nous sommes restés assis là, à le regarder, sans savoir quoi faire. Après quelques minutes, je me suis ressaisie et j'ai appelé le 911. L'opérateur m'a dit que quelqu'un arriverait bientôt. J'ai raccroché le téléphone et j'ai raconté à mon ami ce que l'**opérateur avait** dit.

Întrebări de înțelegere

1. De unde vine omul care cade prin acoperiș?

2. De ce se află femeia cu prietena ei în cafenea?

3. Care este cafeneaua preferată a celor doi prieteni?

4. De cât timp se cunosc cei doi prieteni?

5. Care este băutura preferată a celor doi prieteni?

6. În ce oraș locuiesc cei doi prieteni?

7. Cât de des se întâlnesc cei doi prieteni?

8. Despre ce vorbesc cei doi prieteni atunci când se întâlnesc pentru prima dată la cafeneaua lor preferată?

9. Care este mâncarea preferată a celor doi prieteni?

10. De ce este atât de ușor să vorbești cu Lily?

Questions de compréhension

1. D'où vient l'homme qui tombe à travers le toit ?

2. Pourquoi la femme est-elle avec son ami dans le café ?

3. Quel est le café préféré des deux amis ?

4. Depuis combien de temps les deux amis se connaissent-ils ?

5. Quelle est la boisson préférée des deux amis ?

6. Dans quelle ville vivent les deux amis ?

7. Combien de fois les deux amis se rencontrent-ils ?

8. De quoi parlent les deux amis lorsqu'ils se rencontrent pour la première fois dans leur café préféré ?

9. Quel est le plat préféré des deux amis ?

10. Pourquoi c'est si facile de parler à Lily ?

Mergând la înot

Piscina a fost întotdeauna un loc **revigorant,** iar astăzi nu a fost diferit. Soarele strălucea, iar apa părea primitoare. Am respirat adânc și m-am scufundat, simțind îmbrățișarea răcoroasă a apei. Am înotat câteva ture de bazin, bucurându-mă de exercițiu și de șansa de a-mi limpezi mintea. După un timp, am ieșit și m-am uscat, apoi m-am așezat pe un prosop pentru a mă relaxa la soare. Am închis ochii și am lăsat **căldura să** mă cuprindă, simțind cum mușchii mei încep să se relaxeze. Dintr-o dată, am auzit un strop și am deschis ochii pentru a o vedea pe sora mea mai mică **vâslind** în zona de mică adâncime. Am zâmbit și am privit-o o vreme, apoi m-am ridicat și m-am îndreptat spre ea. Am stat puțin de vorbă și am vâslit împreună, bucurându-ne de compania celeilalte. În curând, părinții noștri ni s-au alăturat și ne-am petrecut restul după-amiezii înotând și jucându-ne împreună. Era întotdeauna atât de plăcut să petrecem timp cu familia la piscină. Este **ceva** în legătură cu prezența în apă care pare să aducă oamenii împreună. Poate pentru că suntem cu toții egali atunci când suntem în apă - nu ne putem ascunde defectele sau pretinde că suntem ceea ce nu suntem. Sau poate doar pentru că este distractiv! **Oricare ar fi** motivul, m-am bucurat că am putut să ne adunăm cu toții și să ne bucurăm de compania celorlalți într-un loc atât de

Aller nager

La piscine était toujours un endroit **rafraîchissant**, et aujourd'hui n'était pas différent. Le soleil brillait et l'eau semblait invitante. J'ai pris une profonde inspiration et j'ai plongé, sentant l'étreinte fraîche de l'eau. J'ai fait des longueurs pendant un moment, appréciant l'exercice et la possibilité de me vider la tête. Au bout d'un moment, je suis sorti et me suis séché, puis je me suis assis sur une serviette pour me détendre au soleil. J'ai fermé les yeux et laissé la **chaleur** m'envahir, sentant mes muscles se détendre. Soudain, j'ai entendu une éclaboussure et j'ai ouvert les yeux pour voir ma petite sœur **pagayer dans la** partie peu profonde. J'ai souri et je l'ai regardée pendant un moment, puis je me suis levée et je suis allée vers elle. Nous avons bavardé un peu et pataugé ensemble, appréciant la compagnie de l'autre. Nos parents nous ont bientôt rejoints et nous avons passé le reste de l'après-midi à nager et à jouer ensemble. C'était toujours très agréable de passer du temps avec la famille à la piscine. Il y a **quelque chose** dans le fait d'être dans l'eau qui semble rassembler les gens. Peut-être est-ce parce que nous sommes tous égaux lorsque nous sommes dans l'eau - nous ne pouvons pas cacher nos défauts ou prétendre être ce que nous ne sommes pas. Ou peut-être est-ce simplement parce que c'est amusant ! **Quelle que soit la** raison, j'étais simplement heureuse que nous

special.

Soarele îmi bătea pe piele, iar în aer se simțea mirosul de clor. Puteam auzi sunetele copiilor râzând și stropindu-se în piscină. Stăteam întinsă pe un **șezlong de lângă** piscină, mă bronzam la soare și mă **bucuram de** zi. Aveam ochii închiși și eram pe punctul de a adormi când am auzit pe cineva venind spre mine. Am deschis ochii și am văzut o femeie care stătea lângă mine. Purta un bikini și avea un prosop înfășurat în jurul taliei. Avea părul lung și blond și ochi albaștri. Ținea în mână o sticlă de **cremă de protecție solară.** "Te deranjează dacă îți dau cu cremă de protecție solară pe spate?", m-a întrebat ea. "Nu, e în regulă", am spus, așezându-mă în picioare pentru ca ea să ajungă la spatele meu. I-am simțit mâinile ei pe pielea mea în timp ce aplica crema de protecție solară.

Atingerea ei era blândă, iar mirosul de cremă de protecție solară era liniștitor. Am închis din nou ochii și m-am lăsat să mă relaxez. Auzeam **cum se** mișca, dar nu am deschis ochii. Eram mulțumit să stau întins la soare, ascultând sunetul valurilor care se **izbeau** de țărm. După câteva minute, ea s-a îndepărtat, iar eu am deschis ochii. Am privit-o cum se întorcea la șezlongul ei și își lua cartea.

puissions tous nous réunir et profiter de la compagnie des autres dans un endroit aussi spécial.

Le soleil tapait sur ma peau et l'odeur du chlore flottait dans l'air. J'entendais le bruit des enfants qui riaient et barbotaient dans la piscine. J'étais allongée sur une chaise **longue près de la** piscine, profitant du soleil et **de la** journée. J'avais les yeux fermés et j'étais sur le point de m'endormir lorsque j'ai entendu quelqu'un s'approcher de moi. J'ai ouvert les yeux et j'ai vu une femme debout à côté de moi. Elle portait un bikini et avait une serviette enroulée autour de sa taille. Elle avait de longs cheveux blonds et des yeux bleus. Elle tenait une bouteille de **crème solaire** dans sa main. "Ça te dérange si je mets de la crème solaire sur ton dos ?" a-t-elle demandé. "Non, ça va", ai-je répondu, en me redressant pour qu'elle puisse atteindre mon dos. J'ai senti ses mains sur ma peau alors qu'elle appliquait la crème solaire.

Son toucher était doux et l'odeur de la crème solaire était apaisante. J'ai fermé les yeux à nouveau et me suis laissé aller à la détente. Je pouvais entendre le **bruit** de ses mouvements, mais je n'ai pas ouvert les yeux. Je me contentais de rester allongé au soleil, en écoutant le bruit des vagues qui **s'écrasaient** sur le rivage. Après quelques minutes, elle s'est éloignée, et j'ai ouvert les yeux. Je l'ai regardée retourner vers sa chaise longue et prendre son livre.

Întrebări de înțelegere

1. Unde se afla naratorul când începe povestirea?

2. Ce miroase naratorul când deschide ochii?

3. Ce aude naratorul când deschide ochii?

4. A cui este crema de protecție solară pe care femeia i-o dă naratorului?

5. La ce visează naratorul?

6. De ce este înotul în mare atât de special pentru narator?

7.Cum se simte apa în care înoată naratorul?

8. Ce vede naratorul când iese din apă?

9. Ce face femeia după ce pune crema de protecție solară pe narator?

10. Despre ce vorbesc naratorul și femeia la sfârșitul povestirii?

Questions de compréhension

1. Où se trouvait le narrateur lorsqu'il a commencé l'histoire ?

2. Que sent le narrateur lorsqu'il ouvre les yeux ?

3. Qu'entend le narrateur lorsqu'il ouvre les yeux ?

4. A qui la femme donne-t-elle de la crème solaire au narrateur ?

5. De quoi le narrateur rêve-t-il ?

6. Pourquoi la baignade dans la mer est-elle si spéciale pour le narrateur ?

7. quelle est la sensation de l'eau dans laquelle nage le narrateur ?

8. Que voit le narrateur quand il sort de l'eau ?

9. Que fait la femme après avoir mis la crème solaire sur le narrateur ?

10. De quoi le narrateur et la femme parlent-ils à la fin de l'histoire ?

Tunsul gazonului

Este ora 10 dimineața într-o **sâmbătă de** vară, iar soarele bate deja fără milă. Vă târâți până în garaj pentru a aduce mașina de tuns iarba, simțindu-vă ca și cum ați fi **condamnat** la muncă silnică. Începi să tunzi gazonul, asigurându-te că mergi încet ca să nu ratezi niciun loc. În timp ce tundeți, vă gândiți la cât de bine vă simțiți să fiți afară, la aer curat. În timp ce începi să împingi mașina de tuns iarba înainte și înapoi pe gazon, îl vezi cu coada **ochiului pe** vecinul tău. Îi faci cu mâna și îl saluți, iar el îți răspunde cu mâna.

După câteva minute, ați terminat și vă îndreptați spre casa vecinului pentru a bea o bere cu el în grădina din față. Este o zi **perfectă** - nu este prea cald, cu o briză ușoară. Stai la umbra copacului, sorbind berea și stând de vorbă cu vecinul tău. Zilele ca acestea te fac să apreciezi vara. Apoi te **îndrepți** înăuntru pentru o bere binemeritată. Te așezi pe un scaun pe veranda din față și desfaci cutia de bere, lăsând să iasă un oftat de mulțumire. Sunetul mașinii de tuns iarba se estompează în fundal în timp ce vă relaxați la umbră, bucurându-vă de **liniștea** momentului. Berea are un gust deosebit de bun după atâta muncă grea în căldură. Eram pe punctul de a intra înăuntru când am auzit un zgomot alături.

Tonte de la pelouse

Il est 10 heures du matin, un **samedi d'**été, et le soleil tape déjà sans pitié. Vous vous frayez un chemin jusqu'au garage pour aller chercher la tondeuse à gazon, avec l'impression d'être **condamné** aux travaux forcés. Vous commencez à tondre la pelouse, en veillant à aller doucement pour ne pas manquer d'endroits. Pendant que vous tondez, vous pensez à tout le bien que cela fait d'être dehors à l'air frais. Alors que vous commencez à pousser la tondeuse d'avant en arrière sur la pelouse, vous apercevez votre voisin du coin de l'œil. Vous lui faites signe et lui dites bonjour, et il vous répond.

Après quelques minutes, vous avez terminé, et vous vous rendez chez votre voisin pour prendre une bière avec lui dans le jardin de devant. C'est une journée **parfaite**, il ne fait pas trop chaud et une légère brise souffle. Vous êtes assis à l'ombre de l'arbre, sirotant votre bière et discutant avec votre voisin. Ce sont des jours comme celui-ci qui vous font apprécier l'été. Puis vous rentrez à l'intérieur pour prendre une bière bien méritée. Vous vous installez sur une chaise sous le porche et ouvrez la canette, en poussant un soupir de satisfaction. Le bruit de la tondeuse s'estompe et vous vous détendez à l'ombre, profitant de la **tranquillité**

Se **auzea** ca și cum cineva plângea. M-am oprit din tuns și m-am apropiat de gardul care ne despărțea curțile. M-am uitat peste și am văzut-o pe vecina mea, doamna Johnson, plângând pe balansoarul de pe verandă. Am strigat-o, dar nu m-a auzit. M-am cățărat peste gard și am mers la ea. "Doamnă Johnson, vă simțiți bine?" Am întrebat-o. S-a uitat la mine cu lacrimi în ochi și a dat din cap. "Nu, nu sunt bine", a spus ea. "Pisica mea a murit ieri". Am fost șocată. Nu am știut ce să spun. Am stat acolo stânjenită, fără să știu ce să fac. În cele din urmă, mi-am pus mâna pe **umărul** ei și i-am spus: "Îmi pare foarte rău, doamnă Johnson. Dacă vă pot ajuta cu ceva, vă rog să mă anunțați. " Ea a clătinat din cap și a spus: "Nu, nimeni nu poate face nimic". Apoi s-a ridicat și a intrat în casa ei. Am stat acolo o clipă, fără să știu ce să fac. Apoi m-am întors la tunsul gazonului. În timp ce terminam, nu m-am putut abține să nu mă gândesc la doamna Johnson și la pisica ei.

du moment. La bière a un goût extra bon après tout ce dur travail dans la chaleur. J'étais sur le point de rentrer quand j'ai entendu un bruit à côté.

On aurait dit que quelqu'un pleurait. J'ai arrêté de tondre et j'ai marché jusqu'à la clôture qui séparait nos jardins. J'ai jeté un coup d'œil par-dessus et j'ai vu ma voisine, Mme Johnson, pleurer sur sa balançoire sous le porche. Je l'ai appelée, mais elle ne m'a pas entendue. J'ai escaladé la clôture et j'ai marché jusqu'à elle. "Mme Johnson, vous allez bien ?" J'ai demandé. Elle a levé les yeux vers moi, les larmes aux yeux, et a secoué la tête. "Non, je ne vais pas bien", a-t-elle dit. "Mon chat est mort hier." J'étais choquée. Je n'ai pas su quoi dire. Je suis restée là, maladroitement, sans savoir quoi faire. Finalement, j'ai posé ma main sur son **épaule** et j'ai dit : "Je suis vraiment désolée, Mme Johnson. Si je peux faire quelque chose pour vous aider, faites-le moi savoir". "Elle a secoué la tête et a dit : "Non, il **n'y a rien que** personne ne puisse faire". Puis elle s'est levée et est entrée dans sa maison. Je suis resté là un moment, ne sachant pas quoi faire. Puis je suis retourné tondre ma pelouse. En terminant, je n'ai pu m'empêcher de penser à Mme Johnson et à son chat.

Întrebări de înțelegere

1. Ce oră este?

2. Unde se află persoana care tunde?

3. Cum se simte persoana?

4. De ce trebuie ca persoana să cosească încet?

5. Ce fel de vreme este?

6. Ce face persoana după ce tunde?

7. Ce aude persoana înainte de a pleca acasă?

8. Cine este cu doamna Johnson?

9. De ce plânge doamna Johnson?

10. Ce îi spune persoana respectivă doamnei Johnson?

Questions de compréhension

1. Quelle heure est-il ?

2. Où se trouve la personne qui tond ?

3. Comment la personne se sent-elle ?

4. Pourquoi la personne doit-elle tondre lentement ?

5. Quel est le temps qu'il fait ?

6. Que fait la personne après avoir fauché ?

7. Qu'entend la personne avant de rentrer chez elle ?

8. Qui est avec Mme Johnson ?

9. Pourquoi Mme Johnson pleure-t-elle ?

10. Que dit la personne à Mme Johnson ?

Obținerea unei tunsori

Voiam să mă tund de săptămâni întregi, dar mereu reușeam să o amân. Dar, cum **Crăciunul era** aproape, știam că nu mai puteam amâna. Nu voiam să mă prezint la cina de Crăciun a familiei mele arătând ca o mizerie neîngrijită. Așa că, devreme în dimineața de Crăciun, m-am îndreptat spre salon. Chiar dacă era devreme, salonul era deja ocupat cu alte persoane care își **făceau** părul pentru sărbătoare. Mi-am ocupat locul la coadă și mi-am așteptat rândul. În cele din urmă, a venit rândul meu pe scaun. Stilista, o femeie prietenoasă pe nume Jill, m-a întrebat ce doresc. "Doar o tunsoare, nimic prea drastic", i-am răspuns. Jill s-a apucat de treabă, tăindu-mi părul. În timp ce lucra, am început să mă relaxez. Mă simțeam bine că, în sfârșit, aveam grijă de mine. Fusesem atât de ocupată în ultima vreme, alergând de colo-colo, având grijă de toți ceilalți, încât îmi lăsasem propriile nevoi să cadă în uitare. Dar nu **mai era așa**. De acum încolo, aveam de gând să-mi fac timp pentru mine.

Când Jill a terminat, m-am uitat în oglindă și am fost mulțumită de ceea ce am văzut. Părul meu arăta îngrijit și lustruit - perfect pentru întâlnirile de sărbători. **I-am mulțumit lui** Jill și mi-am notat **în minte** să revin mai des. De acum înainte, voi avea grijă de mine în primul

Se faire couper les cheveux

Cela faisait des semaines que je voulais me faire couper les cheveux, mais j'arrivais toujours à remettre ça à plus tard. Mais à l'approche de **Noël, je** savais que je ne pouvais plus attendre. Je ne voulais pas me présenter au dîner de Noël de ma famille avec une coiffure débraillée. Alors, tôt le matin de Noël, je me suis rendue au salon. Même s'il était tôt, le salon était déjà occupé par d'autres personnes qui **se faisaient** coiffer pour les fêtes. J'ai pris ma place dans la file d'attente et j'ai attendu mon tour. Enfin, c'était mon tour sur la chaise. La styliste, une femme sympathique nommée Jill, m'a demandé ce que je voulais. "Juste une coupe, rien de trop radical", ai-je répondu. Jill s'est mise au travail, coupant mes cheveux. Pendant qu'elle travaillait, j'ai commencé à me détendre. C'était bon de prendre enfin soin de moi. J'avais été tellement occupé ces derniers temps, à courir partout pour m'occuper de tout le monde, que j'avais laissé mes propres besoins de côté. Mais plus **maintenant**. A partir de maintenant, j'allais prendre du temps pour moi.

Lorsque Jill a terminé, je me suis regardée dans le miroir et j'étais ravie de ce que je voyais. Mes cheveux étaient soignés et polis, parfaits pour les fêtes de fin d'année. J'ai **remercié** Jill et j'ai noté **mentalement** de

rând. S-a apucat de treabă și mi-a tăiat părul. M-am gândit la cât de recunoscătoare eram că în sfârșit reușisem să mă tund. Mă simțeam bine să știu că voi arăta prezentabil pentru **masa de** Crăciun. Nu va mai trebui să-mi fac griji că familia mea mă va tachina din cauza aspectului meu "neîngrijit". După câteva minute, stilistul a terminat de tuns și mi-a făcut o uscare rapidă a părului. M-am privit în oglindă și am fost mulțumită de ceea ce am văzut - un look curat, care ar fi fost perfect pentru cina de Crăciun. Acum că tunsoarea mea era gata, mă puteam concentra pe petrecerea sărbătorilor cu familia mea. Și am fost și mai recunoscătoare pentru asta.

M-am simțit atât de **eliberată și mi-a** plăcut cum arăta noua mea tunsoare. După ce am plătit pentru tunsoare, m-am dus acasă și am început să-mi fac bagajele pentru călătorie. Abia așteptam să le arăt noul meu look familiei și prietenilor mei. Știam că vor fi surprinși când mă vor vedea. În ziua zborului meu, am ajuns la aeroport cu suficient timp liber. Am trecut fără probleme de controlul de securitate și, în scurt timp, am pornit la drum. De îndată ce am ajuns la destinație, am simțit emoția din aer. Crăciunul era cu siguranță în aer! Familia mea a fost acolo pentru a mă întâmpina la aeroport și toți au fost uimiți de noua mea tunsoare.

revenir plus souvent. À partir de maintenant, je prendrai soin de moi d'abord et avant tout. Elle s'est mise au travail en coupant mes cheveux. J'ai pensé à combien j'étais reconnaissante d'avoir enfin pris le temps de me faire couper les cheveux. Je me sentais bien de savoir que j'allais être présentable pour le **repas de** Noël. Je n'aurais plus à m'inquiéter des taquineries de ma famille sur mon apparence "débraillée". Après quelques minutes, le coiffeur a fini de me couper les cheveux et m'a fait un rapide brushing. Je me suis regardé dans le miroir et j'étais heureux de ce que je voyais - un look propre qui serait parfait pour le dîner de Noël. Maintenant que ma coupe de cheveux était terminée, je pouvais me concentrer sur les vacances avec ma famille. Et j'en étais encore plus reconnaissante.

Je me suis sentie tellement **libérée** et j'ai adoré le look de ma nouvelle coupe de cheveux. Après avoir payé ma coupe, je suis rentrée chez moi et j'ai commencé à faire mes bagages pour mon voyage. J'**avais hâte** de montrer mon nouveau look à ma famille et à mes amis. Je savais qu'ils seraient surpris en me voyant. Le jour de mon vol, je suis arrivée à l'aéroport avec beaucoup de temps devant moi. J'ai passé le contrôle de sécurité sans problème et j'ai rapidement pris la route. Dès que je suis arrivé à destination, j'ai senti l'excitation dans l'air. Il y avait vraiment de l'air pour Noël ! Ma famille était là pour m'accueillir à l'aéroport, et ils étaient tous étonnés de ma nouvelle coupe de cheveux.

Întrebări de înțelegere

1. Ce trebuia să facă protagonistul înainte de Crăciun?

2. Ce a simțit protagonista în legătură cu îngrijirea de sine?

3. Cine a tuns-o pe protagonistă?

4. De ce familia protagonistei avea de gând să o necăjească?

5. Cum s-a simțit protagonista după ce s-a tuns?

6. Ce a făcut protagonista după ce s-a tuns?

7. Care a fost reacția familiei protagonistei la tunsoarea ei?

8. Ce a făcut protagonistul în Ajunul Crăciunului?

9. Ce a făcut ca experiența protagonistului să fie mai specială?

10. Ce s-ar întâmpla dacă protagonistul nu s-ar tunde?

Questions de compréhension

1. Que devait faire le protagoniste avant Noël ?

2. Que pense la protagoniste du fait de prendre soin d'elle ?

3. Qui a taillé les cheveux du protagoniste ?

4. Pourquoi la famille de la protagoniste allait-elle se moquer d'elle ?

5. Qu'a ressenti la protagoniste après s'être fait couper les cheveux ?

6. Qu'a fait la protagoniste après s'être fait couper les cheveux ?

7. Quelle a été la réaction de la famille de la protagoniste à sa coupe de cheveux ?

8. Qu'a fait le protagoniste la veille de Noël ?

9. Qu'est-ce qui a rendu l'expérience du protagoniste plus spéciale ?

10. Que se passerait-il si le protagoniste ne se faisait pas couper les cheveux ?

Parcul

Soarele apunea, iar parcul era gol. M-am așezat pe o bancă, așteptându-mi **prietenul**. Ne plănuisem să ne întâlnim aici cu o oră în urmă, dar ea întârzia mereu. Tocmai când eram pe cale să renunț și să mă duc acasă, am văzut-o alergând spre mine.

"Îmi pare atât de rău", a oftat ea când a ajuns pe bancă. "Trenul meu a avut **întârziere.**"

"E în regulă", am spus eu **iertător**. "Abia am ajuns aici." Ne-am așezat și am stat de vorbă o vreme, punându-ne la curent cu viața fiecăruia de când ne-am întâlnit ultima dată. Conversația a curs cu **ușurință** și am simțit că nu a trecut deloc timp de când ne-am văzut ultima dată. Pe măsură ce soarele apunea, ne-am luat rămas bun și am plecat pe drumuri separate. Următoarea dată când ne-am întâlnit, a fost într-un alt parc. Din nou, ea a întârziat, dar nu m-a deranjat. A fost plăcut să am pe cineva cu care să vorbesc și care să mă **înțeleagă.** Am vorbit despre visele și **aspirațiile** noastre, despre lucrurile pe care voiam să le facem în viață. Ea mi-a povestit despre planurile ei de a călători în lume, iar eu i-am împărtășit visul meu de a deveni scriitor. Pe măsură ce soarele apunea într-o altă zi, ne-am luat la revedere încă o dată, promițând să ținem legătura de data aceasta.

Le parc

Le soleil se couchait, et le parc était vide. Je me suis assise sur un banc, attendant mon **amie**. Nous avions prévu de nous retrouver ici il y a une heure, mais elle était toujours en retard. Au moment où j'allais abandonner et rentrer chez moi, je l'ai vue courir vers moi. "Je suis vraiment désolée", a-t-elle haleté en atteignant le banc. "Mon train a été **retardé**." "C'est bon", ai-je dit **avec indulgence**. "Je viens juste d'arriver." Nous nous sommes assis et avons bavardé pendant un certain temps, prenant des nouvelles de la vie de chacun depuis notre dernière rencontre. La conversation était fluide **et nous avions** l'impression que le temps n'avait pas passé depuis notre dernière rencontre. Au coucher du soleil, nous nous sommes dit au revoir et avons pris des chemins différents. La fois suivante, c'était dans un autre parc. Encore une fois, elle était en retard, mais ça ne m'a pas dérangé. C'était agréable d'avoir quelqu'un à qui parler et qui me **comprenait**. Nous avons parlé de nos rêves et de nos **aspirations**, des choses que nous voulions faire de nos vies. Elle m'a parlé de son projet de voyager dans le monde entier, et j'ai partagé mon rêve de devenir écrivain. Alors que le soleil se couchait sur un autre jour, nous nous sommes dit au revoir une fois de plus, en promettant de rester en contact cette fois-ci.

Anii au trecut, iar **prietenia** noastră a rămas puternică, chiar dacă acum locuiam în părți diferite ale țării.
Am păstrat legătura prin scrisori și apeluri telefonice ocazionale, împărtășind unul cu celălalt noutăți din viața noastră. Când a anunțat că se căsătorește, nu am fost **surprins** - ea fusese întotdeauna genul **aventurier.**
Dar când m-a întrebat dacă aș vrea să fiu domnișoara ei de onoare la ceremonia de nuntă, care avea loc în cealaltă parte a lumii față de locul în care locuiam... a fost nevoie de ceva convingere! În cele din urmă, însă, nu puteam să o las pe cea mai bună prietenă a mea să se căsătorească fără să fiu alături de ea, așa că, în ciuda temerilor mele (și după multe rugăminți din partea ei!), am fost de **acord** să particip la ceea ce s-a dovedit a fi **aventura** vieții mele.

Ziua **nunții** a sosit în sfârșit. Eram emoționată, dar entuziasmată să iau parte la un moment atât de important din viața prietenei mele. Ceremonia a fost frumoasă, iar ea părea fericită în timp ce își rostea jurămintele. **După aceea**, am sărbătorit cu o petrecere mare - se părea că toți cunoscuții ei veniseră să sărbătorească cu ea! A fost o zi **magică pe** care nu o va uita niciodată, iar prietenia noastră a devenit doar mai puternică după această aventură. Acum, ani mai târziu, încă păstrăm legătura. Amândouă ne-am **schimbat** mult de când ne-am cunoscut, dar prietenia noastră este la fel de puternică ca întotdeauna.

Les années ont passé, et notre **amitié** est restée
forte, même si nous vivions désormais dans des
régions différentes du pays. Nous sommes restés en
contact par des lettres et des appels téléphoniques
occasionnels, partageant les nouvelles de nos vies
respectives. Lorsqu'elle a annoncé qu'elle allait se
marier, je n'ai pas été **surpris** - elle avait toujours été
du genre **aventureux**. Mais lorsqu'elle m'a demandé
si j'accepterais d'être sa demoiselle d'honneur à
la cérémonie de son mariage qui se déroulait à
l'autre bout du monde, loin de chez moi... il a fallu
la convaincre ! En fin de compte, je ne pouvais pas
laisser ma meilleure amie se marier sans moi à ses
côtés, alors malgré mes craintes (et après qu'elle m'ait
beaucoup suppliée !), j'ai **accepté de participer à** ce
qui s'est avéré être l'**aventure** de ma vie.

Le jour du **mariage** est enfin arrivé. J'étais nerveux,
mais excité de faire partie d'un moment si important
dans la vie de mon amie. La cérémonie était
magnifique, et elle avait l'air heureuse en prononçant
ses vœux. **Ensuite,** nous avons fait une grande fête
- on aurait dit que tous ses proches étaient venus
célébrer avec elle ! C'était un jour **magique** que
je n'oublierai jamais, et notre amitié n'a fait que se
renforcer après cette aventure. Aujourd'hui, des années
plus tard, nous restons toujours en contact. Nous avons
toutes deux beaucoup **changé** depuis notre première
rencontre, mais notre amitié est plus forte que jamais.

Întrebări de înțelegere

1. Unde s-au întâlnit pentru prima dată autoarea și prietena ei?

2. De ce a întârziat prietenul autorului la întâlnirea lor?

3. Despre ce au vorbit prietenii atunci când s-au reîntâlnit ani mai târziu?

4. Ce a simțit autoarea când a participat la ceremonia de nuntă a prietenei sale?

5. Descrieți cadrul în care se desfășoară ceremonia de nuntă.

6. Cum s-a schimbat prietenia dintre cele două femei de-a lungul timpului?

7. Care este visul autorului?

8. Unde intenționează să călătorească prietenul autorului?

9. De ce a ezitat autoarea să participe la ceremonia de nuntă a prietenului ei?

Questions de compréhension

1. Où l'auteur et son ami se sont-ils rencontrés pour la première fois ?

2. Pourquoi l'ami de l'auteur était-il en retard à leur réunion ?

3. De quoi les amis ont-ils parlé lorsqu'ils se sont retrouvés des années plus tard ?

4. Qu'a ressenti l'auteur en assistant à la cérémonie de mariage de son amie ?

5. Décrivez le cadre de la cérémonie de mariage.

6. Comment l'amitié entre les deux femmes a-t-elle évolué au fil du temps ?

7. Quel est le rêve de l'auteur ?

8. Où l'ami de l'auteur prévoit-il de voyager ?

9. Pourquoi l'auteur a-t-elle hésité à assister à la cérémonie de mariage de son amie ?